一學就會，一笑就懂，
絕不昏昏欲睡的12堂課

歡樂邏輯養成班，超有料！

大人のための学習マンガ それゆけ！論理さん

仲島ひとみ 著　野矢茂樹 監修　張嘉芬 譯

序　開課了！

——審定　野矢茂樹

「太歡樂了！」

這句話道盡了我對這本書的感想。

不過，就這樣一語道盡，未免也太對不起這本書了。畢竟它還有許多優點，例如簡單易懂、實用等等。我個人出版過幾本邏輯學的入門書，市面上的邏輯學書籍更是多不勝數。而邏輯學的教科書和入門書，光是現在還買得到的，少說應該有百本以上。雖然我只讀過當中的幾本，但我確信，這本書絕對是一本無與倫比的邏輯學入門書籍。因為它真的是一本很歡樂的書。

或許有人會說：「什麼嘛！結果你還不是只有這句評語。」可是這本書的漫畫實在很有意思，常惹得我邊讀邊笑。能讓讀者在歡笑中學習邏輯學，固然是本書令人驚豔之處；但讓我更訝異的是，邏輯學竟能如此逗趣地成為插科打諢的笑料。不過仔細想想，邏輯學的確適合拿來插科打諢。邏輯學本身是很嚴謹、不容隨意變通的學問，而從如此一絲不苟、有若銅牆鐵壁的學問當中，稍微溜出框架之外的想法，就能引人發笑；此外，如果只是一味講求邏輯，有時會讓事情變得很不合常理，不過這也能帶來「笑」果。作者仲島老師透過漫畫，巧妙地呈現了這些有趣的內容。

書中出現的四位高中生主角很引人入勝。所謂的「知識學習漫畫」，就是要讓人讀得開心，但只要稍有不慎，漫畫內容往往就會被「知識學習」牽著走，變得很平淡無聊。然而，本書的四個角色都發揮了他們的性格特質，在作品中大放異彩，讓人讀得津津有味。（為他們指導邏輯學的「龜樹老師」，是虛構角色，與真實人物無關。）

再來談談內容的部分。當代邏輯學會運用各種符號，所以被稱為是「符號邏輯學」。據說越是討厭數學，對邏輯思考也不太有把握的人，對符號越是會萌生強烈的排斥。因此，在真正初階的邏輯入門課程當中，應該介紹的是「邏輯學的思考方式」，並把符號的運用控制在最低限度。不貿然端出大量符號——本書就是秉持這樣的型態創作出來的。再者，本書還從「邏輯學很實用」的觀點出發，盡可能探討一些在生活或工作上也能運用的議題，而且內容還很歡樂……哎呀！結果我又繞回這一句。

本書還備有豐富的練習題，當然也有完整的解答和說明，很適合自學邏輯者閱讀。不過，我個人最想把這本書獻給在大學開設邏輯學課程，卻在非本意的情況下將學生催入甜美夢鄉的各位老師。若選用這本書當教材，至少同學們在看漫畫的時候，應該會醒著才對。

目次

第10堂 演繹的評估：找出隱藏前提！ 157

第12堂

歸納和假說的評估：真相永遠只有一個！那可不一定 197

角色介紹

理子

凡事依理思考的講理派，以成為「邏輯人」為目標。

愛好：拉麵、鐵道。

小花

認為歪理也是理，個性好強。

愛好：戀愛話題。

廣志

容易人云亦云的濫好人，崇尚和平。

愛好：棒球、電玩。

飛男

說話跳躍躁進，個性積極正向、我行我素。

愛好：UMA（未知生物）。

龜樹老師

精通邏輯學的烏龜，長壽也沒白活。

愛好：對話、午睡。

第1堂

什麼是「邏輯」？

「邏輯」到底是什麼啊？
常有人說它很重要欸。
我要來好好研讀邏輯學！
因為我想招桃花、受歡迎。
LOGIC
什麼？邏輯學能招桃花、受歡迎？
那我也要學！
很好。那我們就一起努力吧！
等一下，
等一下
這樣說不太對吧？
哪裡不對？
我想受歡迎，所以就研讀邏輯學。
怎麼樣？
很有邏輯吧？
妳也覺得不太對勁吧？
嗯。
讀過邏輯學的人之中，還是有人沒什麼人氣；
也有人沒讀過邏輯學，卻很受歡迎的吧？
看吧？
飛男，你搞錯了啦！

不不不，真的能受歡迎啦！
要是不能招桃花、受歡迎，我才不想學咧！
啊？
飛男，這番話很有說服力。
對吧？
氣—
說服力？有嗎？
呵呵呵……
你們聊的話題真有意思，能不能讓我也加入啊？
啊！
這個聲音是……
噹—
你是邏輯大師野矢龜樹老師！
烏龜？
？
？
老師！請您來教教這些人到底什麼是邏輯吧！

所謂的邏輯，簡而言之就是「敘事的條理」。
條理？
當我們主張自己的意見時，要提出根據，才比較有說服力，對吧？
根據
主張
像這樣
把根據和主張連結起來的，就是邏輯。
而邏輯學更是一套很有用的工具，
可用來檢視一項根據是否支撐得了主張
懂了吧！
聽到了吧！
我不是已經提出「想招桃花受歡迎」這個有力的根據了嗎？
那算根據嗎？
想受歡迎（根據）
所以
研讀邏輯學（結論）
根據和結論之間如果缺乏妥善的連結，這一套說詞就稱不上是「有邏輯」。
以現在這個情況而言，究竟算不算是有邏輯呢？
受歡迎和邏輯學應該沒有關係吧！

原來就算我讀了邏輯學，也不會受歡迎啊……
虛脫ー
提不起勁了。
唉，真拿你們沒辦法欸。
不學又不會死。
算了吧！
不見得吧？
假設發生了一宗殺人案。
原來被害人是一位富豪啊
犯人從背後猛刺一刀，
手法還真是殘忍啊……
廣志老弟，鎖定嫌犯了嗎？
有嫌疑的是這三個人。
幫傭A女士，祕書B先生，和園丁C先生。
後續會再調查他們的不在場證明……
不，沒那個必要。
我已經知道誰是凶手了。
啊!?
凶手就是你！！
我？
斬釘截鐵!!

你怎麼知道是他？
憑感覺！他的臉很可怕！
以貌取人！太過分了！
殺人犯？
那就判死刑
咚！
什麼？
等一下，等一下
妳仔細讀過法律條文了嗎？
為什麼判他死刑？
冤枉啊！
唰
唰
我沒看法律條文，只覺得應該這樣……
殺人應該就是死刑吧
日本刑法第一九九條
殺人者
處死刑、無期徒刑，或五年以上有期徒刑。
誇張！太沒邏輯了!!
要是造成冤案怎麼辦？
人命可是很寶貴的！
妳看吧？
邏輯有時也是會鬧出人命的。
啊啊啊啊啊
大家一起做決定的時候也是啊
來打躲避球吧！
你問我為什麼？
因為我想打啊！
班級同樂會
先確定可用的時段和場所，再討論可能的選項吧……
再說有必要全班都做同一件事嗎？
妳不覺得先確認前提，再進行有條理的討論比較好嗎？
也是啦。
School mates

在學問當中，邏輯也是一項不可或缺的元素。
從亞里斯多德的時代起，大家就說邏輯是探究真理的工具。
因為要用已知的事物為線索，去闡述些什麼，或思考些什麼，
都必須要有邏輯才行。
嗯……我聽不太懂，不過好像很酷。
可是應該不容易吧？
我讀過幾頁邏輯學的書，看起來很難懂，後來就放棄了。
也是啦……而且還有很多
符號之類的東西。
放心吧！
這本書主打簡單易懂，筆調詼諧歡樂。
LOGIC
那我們就當作是去一趟龍宮城，出發前往邏輯學的世界吧！
呃，這個比喻沒問題嗎？
龜樹老師是陸龜，不會去龍宮城啦。
那不是會變成老爺爺的故事嗎？
哈哈哈
那我們就開始上課吧！
讀完這本書，你們就會變成厲害的邏輯人囉。
好，我要加油！
LOGIC

概念講解

什麼是「邏輯」？

願意翻開這本書的各位讀者，想必或多或少都對「邏輯」有些興趣。是不是被罵過「說話沒有邏輯」？還是在大學上過邏輯學的課？覺得學了邏輯學就能受歡迎？不論動機為何，既然各位有興趣看看什麼是邏輯學而翻開這本書，就讓我們一起開心學邏輯吧！

那麼，究竟什麼是「邏輯」呢？一言以蔽之，**所謂的邏輯，就是「敘事的條理」**。例如當我們想以某項**根據**為基礎，推導出**結論**時，如何**連結**根據與結論，這個連結的方法，就是所謂的邏輯；思考「要用什麼形式」才能將既有的根據正確導向結論，就是所謂的邏輯學。

因此，若想進行「正確的討論」，或提出「有說服力的主張」，就需要完整的邏輯；而要檢驗自己或別人說的話是否條理分明、有道理，先學會邏輯就很重要了。

「形式」是關鍵

邏輯是一種用來安排「敘事條理順序」的形式，因此討論的話題內容，暫且不是我們關心的焦點。舉例來說，如果「若A則B」和「是A」都能說得通，那麼「是B」也絕對可以說得通，不論在「A」、「B」當中填入任何內容，比方「若是生物，總有一天都會死」、「若是陸龜，就不會去龍宮城」等等都無妨。假設「若是陸龜，就不會去龍宮城」是對的，「龜樹老師是陸龜」也正確，那麼「龜樹老師不會去龍宮城」也必然正確。即使換了任何人來想，都會循這個條理得到相同的結論。

至於要評估一個討論的內容正確與否，還需要考慮它的「前提」是否妥當，這個問題我們稍後再來探討。總之，就讓我們先學會「**敘事的正確形式**」吧！

為了與他人順利進行對話

邏輯是一種「會讓人不得不承認『無論是誰都會循著這個條理得到相同結論』」的敘事條理，我想它未來在社會上的重要性應該會與日俱增。因為在現代社會中，個人與資訊都在全球各地頻繁往來，我們和那些無法只憑默契就彼此心意相通、或不具共同常識和經驗的人，溝通的機會想必會越來越多。當我們與這些人對話時，邏輯會是一套很有用的工具。

即使我們面對的是背景天差地遠、感受上無法彼此共鳴的人，只要雙方對前提有共識，並持續進行有邏輯的對話，應該就能做出雙方都能認可接受的結論。有時這樣的邏輯條理會違反我們的常識、願望或期待，不過，或許它會成為帶領我們通往嶄新世界的一扇門。

本書的使用方式

本書各章節由漫畫、概念講解、練習題、答案與解說所組成。漫畫部分包括介紹主題內容的講解，和各位學過的內容為題材所繪製的四格漫畫，因此就算只讀漫畫，也能對邏輯學有一番概略性的了解。覺得閱讀長篇文章太麻煩的讀者，先把漫畫從頭到尾讀過一次也無妨。四格漫畫不一定都附有說明，但請各位務必想想，哪些橋段是我們學過的內容。

概念講解的部分在補充說明漫畫內容的同時，也為各位整理出各章的重點，還包括了一些具體案例或延伸內容，搭配漫畫閱讀，更能加深各位的理解。至於練習題，是在幫助各位確認自己是否已經確實理解學過的內容，建議各位務必動手挑戰解題。答案與解說的部分，分析解釋了各個問題的思考方向，藉此大家可以好好複習自己答錯的題目。

那麼接下來，就讓我們開始上課吧！

第2堂

只限於命題：命題與真偽

那麼，就讓我們開始來學邏輯吧！
首先要談的是命題與真偽。
ㄇㄧㄥˋ ㄊㄧˊ？
那是什麼？好吃嗎？
說到命題，
是指明治大學[1]嗎？
也有可能是名古屋大學啊！
名古屋車站叫名車，名古屋電視台叫名電
都不對！
TRUTH VALUE
在邏輯當中所說的命題，就是……
命題
這個！
所以到底是什麼意思啦。
呣
所謂的命題呢，就是可以斷定真偽的內容。
真偽呢，換句話說，就是有主詞和謂語的普通句子，
我們可以斷言它確實如此，或不是如此。有時我們會把命題直接稱為「句子」。
什麼句子都算嗎？
那我來舉個例子
TRUTH VALUE

「郵筒是紅色的」算嗎？
它是命題。
「小花是萬人迷♡」
它也是命題。
現充[2]都給我爆炸吧！
命令句和疑問句不是喔。
抱歉啊！
當命題正確時，
我們會說這個命題為真
TRUE
當命題錯誤時，
則會說這個命題為偽
FALSE
「郵筒是紅色的」
這個命題，至少在日本是「真」。
不是還有寄限時信的藍色郵筒？
凡事都有例外嘛！
※據說多半設在日本大阪市區。
至於「小花是萬人迷♡」這個命題呢……
當然是「真」啊!?
妳懷疑嗎？

概念講解

什麼是「命題」？

接下來我們要學習的邏輯，它的基本單位是「**命題**」。「命題」乍聽之下好像是個很艱深的詞彙，但各位不必把它想得太困難，凡是像「○○是××」這種**有主詞和謂語的敘述句**（或這個句子所表達的內容），就可稱為命題。「星期六就是運動會了」、「藪貓是貓科動物」、「三丁目有四家髮廊」等，這些都是命題。雖然可以直接說它們是句子，但非敘述句的句子，例如像是**疑問句或命令句，就稱不上是命題**。換言之，「狐狸是肉食性動物嗎？」、「週六拜託給我放晴吧！」等等，都不是命題。各位只要先有這樣的認知即可。

附帶一提，日文當中的「命題」一詞，是在距今一百多年前，由一位名叫西周[3]的人根據英文**proposition**所想的譯詞。西周為包括哲學在內的許多西方學術用語創造了日文譯詞，舉凡「科學」、「藝術」、「知識」、「技術」等都是。儘管當中的確有一些艱深難懂的詞彙（「命題」也有點難懂），但多虧有他訂定了這些譯詞，日本人才能透過日文輕鬆鑽研學問，甚至還有許多譯詞反向傳回了中文的漢字裡。

是真是偽？

我們可以針對每一個命題來斷言它是真（真實的，正確的）或偽（有違事實，有誤）。舉例來說，「日本的首都是東京」這個命題是真，「巴西的首都是聖保羅」這個命題則是偽（正確答案是巴西利亞）。至於「拿破崙有胃潰瘍」這個命題，即使如今已無法直接確認真相，我們仍能斷言它的真或偽，必有其中之一成立。

前面有提過，疑問句和命令句都不是命題，這兩種句子都不能說它是真或偽。

例如「仿生機器人會夢見電子羊嗎？」這個疑問句，我們無法斷言它「就是這樣」或「不是這樣」，它呈現出「真偽不明」的狀態；而「仿生機器人夢見電子羊吧！」這個命令句，表達了說話者希望它成真的期盼，但我們仍無法斷言它究竟是「沒錯」或「不對」。像這些**無法斷言真偽的句子，就不叫做命題**。

我只說偽命題喔。
真的嗎？
咦？騙人的吧？
奇怪咧？
Paradox

練習題

以下各個句子，是命題的請畫○，不是命題的請畫×。

1. 富士山的標高是三千七百七十六公尺。
2. 日本的首都是名古屋。
3. 你今天心情可好？
4. 快速電車不停靠總武線的平井站。
5. 再加把勁吧！
6. 有獸醫系的大學比有醫學系的大學少。
7. 奧運每四年舉辦一次。

8. 紅茶和烏龍茶都是同一種茶葉，只是發酵程度不同。
9. 颱風是以形成的順序來編號。
10. 夏目漱石曾旅居倫敦。
11. 有些地下鐵行駛在路面上。
12. 梅雨季時洗衣服很難曬乾。
13. 別忘了我們剛認識時的悸動啊。
14. 小花很討厭那些對店員態度倨傲跋扈的人。
15. 計程車的起跳價格會因地區而有所不同。
16. 電視節目上介紹可用小蘇打粉清潔烤魚器。
17. 別囉嗦，快給我洗就對了。

18.《源氏物語》是在距今大約千年前寫成的作品。

19. 鯨頭鸛是棲息在非洲的鸛形目鳥類。

20. 這個題目的意思，你聽懂了嗎？

真偽猜謎

答案與解說

● 命題指的是可判斷真偽的敘述句，疑問句或命令句都不是命題。

這就是在這個概念講解當中要探討的重點。讓我們根據這個重點，一起來看看題目裡的各個句子吧！

1是很多人都知道的命題，答案是○。2有人懷疑答案該選什麼嗎？「日本的首都是名古屋」是偽，但可判斷真偽的就是命題，所以答案是○。3是疑問句，所以不是命題，答案為×。

再往下看，不是命題（答案是×）的句子還有5、13和17的命令句，以及20的疑問句。除此之外都是命題，因此答案是○。

1. ○ 2. ○ 3. × 4. ○ 5. ×

6. ○

7. ○

8. ○

9. ○

10. ○

11. ○

12. ○

13. ×

14. ○

15. ○

16. ○

17. ×

18. ○

19. ○

20. ×

註釋

1 「命題」的日文めいだい，發音為meidai，和明治大學、名古屋大學的簡稱（明大、名大）發音相同。

2 現充是網路用語，來自日語「リア充」，指的是在現實生活中不用依靠ACG和網路就過得很充實繽紛的人。近義詞是人生勝利組和富豪等等。一個人是否為「現充」是依據他／她是否有男女朋友，當單身者看到情侶放閃時，就會回家PO文說：現充什麼的都給我爆炸吧！

3 西周（にしあまね，一八二九年至一八九七年），日本哲學家、教育家、官員，曾赴荷蘭留學，學習法學、哲學和經濟學。

4 日本會使用諧音的同音順口溜來記事情。鎌倉幕府開府於一一九二年，順口溜「いい国作ろう鎌倉幕府」，いい国讀為iikuni。

第3堂

否定：不對，不是那樣

命題可以用否定句嗎？
例如「廣志沒有受歡迎」之類的。
當然可以啊。
等一下！
或許它的確是個命題，但這個命題是偽命題！
我我我……
我啊，也不見得不能說我不是不受歡迎
到底是哪邊啊？
denial
那我們今天就來談談否定吧。
所謂的否定呢，就是在駁斥某項主張……
你們只要想成是加上「不、沒」的句型就好了。
「我養貓」的否定是
「我沒養貓」，對吧？
那麼，這個否定句代表什麼意思？
呃……

這個人的確沒有養貓，
會不會是愛狗派？
或是鸚鵡？甚至是鬣蜥。
也可能什麼都沒養啊。
嗯……光只有這樣，資訊實在是太少了。
沒錯。
說的也是。
「沒養貓」這個否定的句子，只駁斥了「有養貓」這個主張，沒說其他資訊。
沒養貓
（保留其他所有可能）
有養貓
否定句的資訊量，其實比肯定句還少。
所以，當我們著眼於「有沒有養貓」的情況下，
試用包
給你貓罐頭
呃……
對話中可以很自然地說出沒養貓
我沒養貓
若非如此，就會讓人覺得「這個人莫名其妙」。
你好，幸會。
我沒養貓喔。
的確……

話說回來，飛男應該是「有養貓」或「沒養貓」
其中之一，對吧？
喵～
那當然。
難道還有「兩者皆非」的狀況嗎？
例如只餵飼料之類的？
是A，或非A
答案必定是兩者其中之一，沒有中間情況，我們稱之為排中律。
A
或非 A
實際上，人生的確有很多難分黑白的事……
這裡我們就把它想得簡單一點，以「排中律成立」為前提，繼續討論下去吧。
一旦接受了排中律，雙重否定所代表的意思，就和肯定一樣了。
不是不受歡迎
＝
受歡迎
啊！就是這樣，就是這樣。
denial

還有一點，
「是A且非A」不成立
讓我們一起來確認一下這件事。
這個看起來一定是成立的吧？
只要「是A」為真，「非A」不是偽的話，就說不過去了吧？
唔……
「是A」和「非A」不會同時成立，
這就叫做矛盾律。
我聽過「矛盾」～
我也聽過！
只要有矛盾律，
就能使用「背理法」這一套證明的方法。
どや
被理髮？
那又是什麼啊？
這個部分後面再慢慢討論。
他們好像在講很高深的事，
但聽起來又覺得很理所當然。
那些什麼律的是沒錯啦。
是吧！
denial

別想得那麼複雜，
「去」的否定是「不去」，「有桃花」的否定是「沒桃花」，
「喜歡」的否定是「討厭」，「勝」的否定是「敗」
嗯？等一下。
denial
飛男說的那個例子，
是相反不是否定。
欸？不一樣嗎？
剛才我們也說過，
所謂的否定，包括了該項敘述以外的所有可能。
「喜歡」的否定是「不喜歡」，
它固然包括「討厭」，
但也還有很多其他的可能。
喜歡
有點好感
普通
無所謂
不知道
討厭
相反
不喜歡（否定）

可是，
「贏」的否定不就是「輸」嗎？
不是還有平手嗎？
啊—
對喔
你們聽聽看這個怎麼樣？
「偶像不可以談戀愛」的否定
「偶像必須談戀愛」？
怎麼又是這麼極端的例子啊。
這個聽起來也比較像是相反，不是否定。
我覺得好像不對……
應該還有「要談戀愛可以，不談戀愛也行」這個選項吧？
那該怎麼說才對呢？
「偶像並非不可以談戀愛」……
類似這樣？
嘀嘀咕咕
唔？
雖然你講得很含糊，
但就是這樣。
總之「否定」和「相反」是不同的，
請大家先記住這一點就好！
好—
denial

概念講解

什麼是「否定」？

排除其它一切可能的選項

「否定」的基本概念，越是認真思考，越會發現它們其實沒那麼簡單。這裡就先依龜樹老師所言，把它想成是「**駁斥某項主張的句子**」。以日文來說，就是謂語加上「不、沒」的句型。

當否定一個命題時，這個命題的真偽就會逆轉。舉例來說，否定「日本的首都是東京」這個真命題，就會變成「日本的首都不是東京」的偽命題。反之，否定「日本的首都是柏林」這個偽命題，就會變成「日本的首都不是柏林」的真命題。

矛盾律、排中律

「日本的首都是東京」與「日本的首都不是東京」這兩個命題不會同時為真。就邏輯上來說，「『是A且（非A）』不存在」是一個必定為真的命題（或也可以說「是

排中：A ⟷ 非A
矛盾：is A, not A, 不存在

A且（非A）」必定為偽）。廣志說的很對，若「是A」為真，則「非A」為偽；若「是A」為真，則「非A」就應該是偽。所以「是A」和「非A」不可能同時為真。因此我們把「『是A且（非A）』不存在」這個命題，稱為**矛盾律**。

此外，當「『是A』為真，則『非A』為偽；『非A』為真，則『是A』為偽」時，「『是A』、『非A』必有一者為真」這個命題就永遠成立。例如「『日本的首都是東京』與『日本的首都不是東京』必有一者為真」一定是真命題。這就叫做**排中律**，因為它**排除了介於「A」與「非A」之間的中間情況**，所以才被稱為「排中律」。

既然我們接受排中律，又該怎麼看待「不是（非A）」這個**雙重否定**（否定的否定）呢？否定了「非A」之後，剩下的就只有「是A」這個選項，因此我們可以把**雙重否定**想成是等同於**肯定**。

在排中律的思維當中，認定「是A」若非正確，就是錯誤，所以不接受「很難說是A或非A」的情況。我們就以「廣志這個人很可靠」這個命題為例，一起來想一想吧！在什麼時候我們可以斷言「廣志這個人很可靠」呢？當我們有難時，如果廣志出手相助，我們應該就會說「廣志這個人很可靠」。相反的，若要說「廣志這個人靠不住」為真，應該是在我們有難，而廣志卻不肯出手相救的時候。那麼，如果我們並未遭逢急難，不必仰賴廣志的話，又該怎麼辦呢？如此一來，現階段我們對於「廣志這個人很可靠」的命題，還無法做出論斷。

儘管排中律還是有些令人無法苟同的情況，但姑且不論這些特例，先以排中律成立為前提，繼續往下討論。如果各位覺得這個部分太複雜、搞不懂，先跳過這部分也無妨。等過一段時間後，再重新回來讀讀這個段落。總之我們再繼續看下去吧！

「否定」不是「相反」

當我們思考「否定」時，有一件事必須提醒各位，那就是否定與**相反**並非同一件事。舉例來說，「喜歡」的相反詞是「討厭」，但「喜歡」的否定詞並不是「討厭」。「喜歡」的否定包括了「喜歡」以外的一切可能，例如「不喜歡」等等。在這些可能的選項中，固然包括了「討厭」，但別忘了「不喜歡也不討厭」也包括在內。同樣的，「贏」的相反詞是「輸」，但「贏」的否定詞並不是「輸」，畢竟在「沒有贏」的情況當中，還有「平手」這個選項。因此，當要否定的詞彙可以找到帶有相反含意的詞彙（相反詞）時，請特別留意。

不過，要是已事先設定「若不是喜歡就是討厭」、「若不是贏就是輸」的**前提**，那就另當別論了。當「非A則B」時，只要否定了A，選項就會只剩下B。所以，在思考否定之際，別忘了想一想「是因為『選項有限』的狀況，還是除了A、B之外另有選項的情形。」

「應該」的否定

當我們否定「應該」之類的詞彙時，也和否定「喜歡」一樣，須特別留意。舉例來說，該如何否定「我們應該吃蔬菜」這個句子呢？是「我們不應該吃蔬菜」嗎？「吃飯時不准看電視」的否定句會是什麼呢？是「吃飯時不准不看電視」嗎？

若要避免出錯，就請各位先試著為句子加上「**並非／並沒有……**」吧！第一個例句會變成「我們並非應該吃蔬菜」。經過這樣調整後，句子就不再只有「不應該吃蔬菜」的相反含意，也有可能是「蔬菜吃不吃都無妨」的狀態。「吃飯時並沒有不准看電視」也一樣，經修改過後，就不單只有「吃飯時不准看電視」的相反含意，它讓「吃飯時電視可看可不看」的選項得以成立。就像「喜歡」的否定不只有「討厭」一樣，「應該」的否定也不只有「不應該」。

否定和相反不同，除了被否定的那個主張之外，其他一切的可能都不會被排除。這一點請各位牢記。

練習題

問題一、請寫出下列主張的否定句（以排中律成立為前提）。

1. 飛男去過紐約。

2. 小花不住在千葉縣。

3. 理子每次都會在拉麵裡加大蒜。

4. 廣志在義大利麵上加太多起司。

問題二、請說明為什麼「車站前那家拉麵店很難吃」的否定句，不是「車站前那家拉麵店的拉麵很好吃」。

答案與解說

問題一

1. 飛男沒去過紐約。

● 「去過」的否定是「沒去過」。這一題應該不需要多做說明。

2. 小花住在千葉縣。

● 如果要直接否定原本的句子，應該是「小花並不是不住在千葉縣」。這個句子也不算錯，但只要我們接受排中律，就可以把雙重否定的句子改成肯定句，因此本題答案為「小花住在千葉縣」。

3. 理子並非每次都會在拉麵裡加大蒜。

● 如果只是加上「不」，讓句子變成「理子每次都不會加大蒜」，讀起來的意思就是「不加大蒜」成了「每次都會」做的事。「每次都加」和「每次都不加」之間的關係是相反，而非否定，所以這裡要使用「並非每次」這個較弱的否定句型。只要在這個句子裡加入「並非」，就一定錯不了。

4. 廣志在義大利麵上加的起司不會太多。

● 這一題其實用「廣志並沒有在義大利麵上加太多起司」比較簡單，但我們再來試著想想個別的表達方式吧！要否定「太~」這個句型時，如果用「加的起司太不多」，就會呈現「加得少也要有個限度吧？這樣根本不行，完全不夠！」的意思，傳達與原句「相反」而非「否定」的含意。而用「不會太多」，表達的是「沒有加太多」的意思，指涉的狀態也包括了「恰到好處」，正確地傳達了「加太多」的否定含意。換句話說，「過多」的否定，要表達的不僅是「不足」（「過多」的相反詞），還要包括「剛好」的狀態。凡事拿捏好分寸最重要。

問題二

「拉麵店很難吃」的否定，範圍固然應該包括「好吃」，但也包括了「不好不壞，馬馬虎虎」。

「輸」的否定是？

把世人分為兩類

第4堂

「且」與「或」：您要喝咖啡、紅茶，還是兩種都要？

是茄（且）汁豬排，
還有過（或）氣老獵人嗎!?
是「且」和「或」啦。
and
和
or
其實你可以不必勉強搞笑……
CHOICE
嗯，我們就先從
「且」開始談起吧。
茄汁炸龜
如果是說「A且B」的話，
就是A和B雙方都要成立，對吧？
如果用圖形來表示的話，
就是指這個部分。
A
B
A∧B
且
嗯，在邏輯學裡的術語叫做「連言」。
用符號的話就是這樣寫。
像是「長得帥且有錢」
我的理想天菜!!
是沒錯啦……

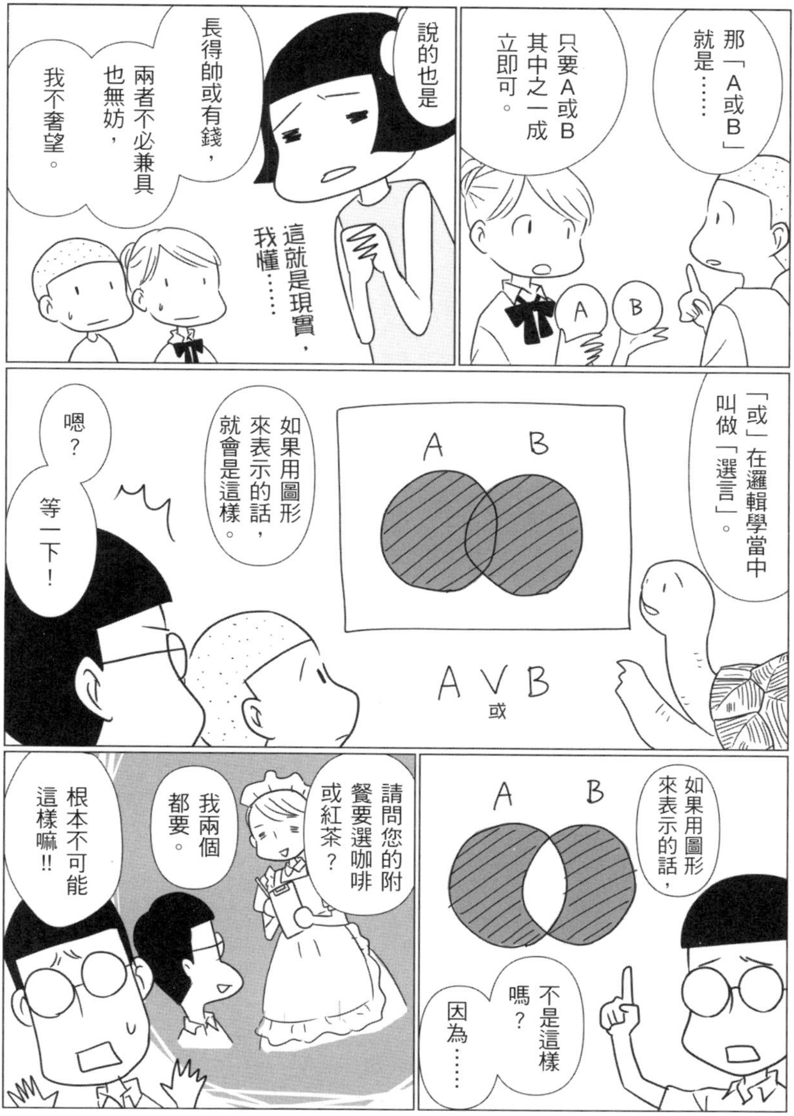
那「A或B」就是……
只要A或B其中之一成立即可。
A
B
說的也是
長得帥或有錢，兩者不必兼具也無妨，我不奢望。
這就是現實，我懂……
「或」在邏輯學當中叫做「選言」。
A
B
如果用圖形來表示的話，就會是這樣。
A∨B
或
嗯？
等一下！
如果用圖形來表示的話，
A
B
不是這樣嗎？
因為……
請問您的附餐要選咖啡或紅茶？
我兩個都要。
根本不可能這樣嘛!!

呵呵呵
哎呀，你發現了一個很好的問題。
若「A或B」包括「A且B」，我們就稱之為「相容選言」，意指「至少符合其中一個條件」。
A
B
A
B
「咖啡或紅茶」就是屬於這一種。
如只符合其中之一，就稱為「互斥選言」。
用哪一種選言為原則都無妨……
不過在邏輯學上，一般還是以相容選言為原則。
唔……
相容選言？能不能舉個例子？
這個例子如何？
若a=0或b=0
則a×b=0
數學啊……
這裡的「或」就是相容選言。
原來如此。
因為就算只有a為0，或只有b為0，又或是兩者都為0，a×b都會是0。
嗯
嗯

我還是不太懂欸……
不能再舉更生活化一點的例子嗎？
聽不懂？
我知道什麼是相容選言了喔。
真的假的？
假設我對朋友說：
「幫我介紹個帥哥或有錢人！」
用這個例子好了。
如果
我朋友認識長得帥且有錢的人，
我當然會希望朋友把這個人介紹給我認識啊！
變亮了吧？☆
妳看～
要是朋友對我說：「因為他兩個條件都符合，所以不能介紹給妳認識。」
我應該會和這個朋友絕交吧。
有錢人
帥哥
所以基本上應該要以相容選言為原則！
喔……
嗯……
究竟什麼才是男人真正的價值呢……
波濤洶湧——

怎麼了？
例如像我，就是長得帥且有錢。
不不不
沒那回事沒那回事
那是個偽命題啦。
可惡！
你們不知道我家經濟情況如何吧？
不過至少你不帥的事實已經擺在眼前，「長得帥且有錢」就不成立了呀！
哼！
就等妳說這句話！
我摘下眼鏡之後，
可是長這個樣子呢！
！
喀恰……
……
欸？怎麼了？怎麼了？長得怎麼樣？
哼哼哼…

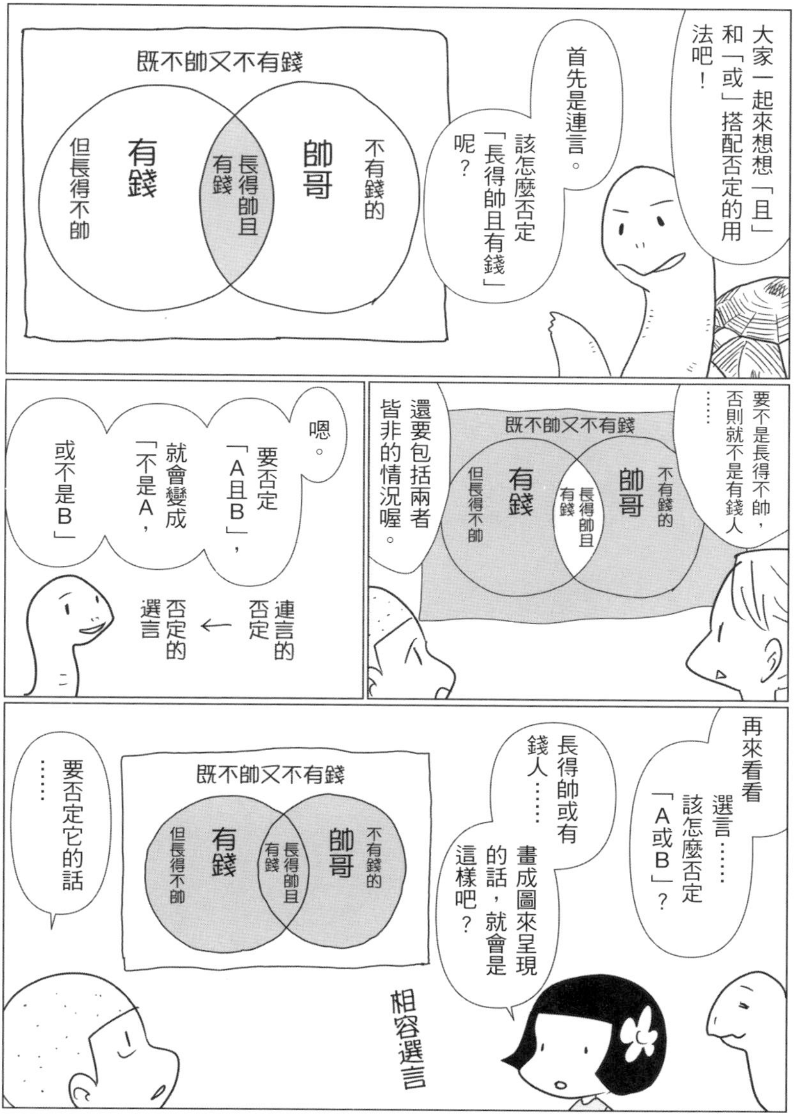

大家一起來想想「且」和「或」搭配否定的用法吧！
首先是連言。
該怎麼否定「長得帥且有錢」呢？
既不帥又不有錢
有錢
但長得不帥
長得帥且有錢
帥哥
不有錢的
要不是長得不帥，否則就不是有錢人……
還要包括兩者皆非的情況喔。
既不帥又不有錢
有錢
但長得不帥
長得帥且有錢
帥哥
不有錢的
嗯。
要否定「A且B」，就會變成「不是A，或不是B」
連言的否定
←
否定的選言
再來看看選言……
該怎麼否定「A或B」？
長得帥或有錢人……
畫成圖來呈現的話，就會是這樣吧？
相容選言
既不帥又不有錢
有錢
但長得不帥
長得帥且有錢
帥哥
不有錢的
要否定它的話……

就是這樣！既不帥也不有錢！
兩者皆非
有錢
帥
沒錯！
「A或B」的否定，是「既非A也非B」。
選言的否定 ← 否定的連言
換句話說，就是會變成「不是A且不是B」。
好好玩喔！
只要一否定，「且」就會變「或」，「或」就會變「且」。
連言的否定會變否定的選言，選言的否定會變否定的連言。
這叫作「笛摩根定理」。
大家好！我是笛摩根!!
笛摩槍（gun）？
是人的名字啦。
他是十九世紀英國的數學家。
Augustus de Morgan 1806-1871
妳那是模型槍吧……？
就算忘了笛摩根，也請大家別忘了笛摩根定理。
梗也太老套了

概念講解

「且」與「或」

主張A與B兩者都要成立的連接句法，稱之為連言，在邏輯學上會以「A且B」來呈現。例如「這本書很有趣且很實用」這個命題，代表「這本書很有趣」這個命題，和「這本書很有用」這個命題，都是真命題。

相對的，**要主張A與B其中之一成立的連接句法，稱之為選言**，會以「A或B」的形式來表達。

選言又可分為「互斥選言」和「相容選言」這兩種類型。例如在咖啡館裡，當服務生說「蛋糕套餐的附餐可選咖啡或紅茶」時，這種**限選其中一個，排除兩者同時成立的敘述，就是所謂的「互斥選言」**。而像「當a或b為0時，ab相乘即為0」這樣，**「至少需要一方成立，但不一定要兩者都成立」的敘述，就是「相容選言」**。這兩種選言都可以作為敘述時的基本邏輯原則，不過，在此我們會先以相容選言作為基本原則。

想吃的蛋糕

否定與笛摩根定理

若要否定「A且B」這個句子，會變成什麼樣的敘述呢？我們要否定的是A和B兩者兼具的狀態，所以一定會是「非A」、「非B」，或是「既非A也非B」的其中之一。我們可以匯總這三個選項，寫成「（非A）或（非B）」，也就是用「**或**」來連接兩個否定命題的**否定選言**。我們既然是以相容選言為基本原則，那麼「（非A）或（非B）」當中就可以包括「既非A也非B」。

not A or not B
↳ not A,
not B,
not A and B

我們用前面這篇四格漫畫為例，一起來想一想：當我們否定了「蒙布朗和奶油草莓蛋糕都要吃」這個連言，敘述就會變成一個否定的選言，也就是「不吃蒙布朗，或不吃奶油草莓蛋糕」。在這個例子當中的否定選言，固然包括了小花的解讀，即「不吃蒙布朗，也不吃奶油草莓蛋糕」，但也包括了「吃其中一種，不吃另一種」的含意。而理子想表達的其實是「我吃其中一種」。話說回來，如果有蒙布朗和奶油草莓蛋糕可選，您會選哪一種呢？

想養的寵物

接著再來看看怎麼否定「A或B」這樣的選言。這裡我們是以「相容選言」來考量，因此所謂的「A或B」，至少會是A、B其中一個選項，或是A、B兩者都成立的狀態。而要否定「A或B」，就必須是A和B都不成立。換句話說，就是以「且」來連接否定命題的**否定連言**「（非A）且（非B）」。

這裡同樣以四格漫畫（第六九頁）為例，一起來想一想：否定「養狗或養貓」這句選言，它就會變成一句否定的連言，就是「不養狗且不養貓」。廣志雖然表達了「想養一隻寵物，狗貓都可以」的念頭，可惜媽媽的答覆是「不養狗也不養貓」。不過因為媽媽沒有提到貓、狗之外的任何動物，所以的確如飛男所言，可能還有機會飼養其他動物……但一般家庭要養龜殼花和獴，難度恐怕相當高；至於槍蛇[1]，則是連要看到都很困難。

讀到這裡，各位應該都可以發現：**連言的否定就是否定的選言；選言的否定就是否定的連言**。很有意思吧？這項定理以發現它的十九世紀英國數學家奧古斯塔斯・笛摩根（Augustus De Morgan）為名，就是「**笛摩根定理**」。

練習題

請用笛摩根定理，寫出以下這些主張的否定句。

1. 這家店至少會在週一或週二休息一天。

2. 廣志吃了炸豬排蓋飯和俄式餡餅。

3. 體育館的鑰匙在理子手上，或在小花手上。

4. 飛男不會跳森巴舞，也不會跳騷莎舞。

5. 需提交報告，或通過考試。

答案與解說

在探討「且」與「或」的笛摩根定理中，有一個口訣就是，「連言的否定就是否定的選言」、「選言的否定就是否定的連言」。

1. 這家店週一和週二都不休息。

● 題目「週一休息，或週二休息」是一句選言，而選言的否定就是否定的連言，所以就是「週一不休息，且週二也不休息」。

2. 炸豬排蓋飯和俄式餡餅，廣志至少有其中一項沒吃。

● 這一題要寫出「吃了炸豬排蓋飯，且吃了俄式餡餅」這句連言的否定，所以答案會是一句否定的選言，也就是「沒吃炸豬排蓋飯，或沒吃俄式餡餅」。這裡我們以相容選言為基本原則，所以「沒吃炸豬排蓋飯，也沒吃俄式餡餅」也是一個選項。

3. 體育館的鑰匙既不在理子手上，也不在小花手上。

● 這裡要否定「在理子手上，或在小花手上」這句選言，所以就會變成一句否定的連言，也就是「不在理子手上，且不在小花手上」。

4. 森巴舞和騷莎舞，飛男至少會跳其中一種。

● 這題比較複雜一點。我們要否定的是，「不會跳森巴舞，且不會跳騷莎舞」這個否定的連言，內容顯得有些盤根錯結。碰到這種問題時，不妨先把「且」所連接的命題，用括號圈起來，再想想連言的否定該怎麼寫。否定「（不會跳森巴舞），且（不會跳騷莎舞）」這句連言，就會變成一句否定的選言，也就是「並非（不會跳森巴舞），或並非（不會跳騷莎舞）」。這裡要請各位回想一下「雙重否定＝肯定」的法則。我們把「並非不會跳」改成「會跳」，再拿掉括號，就會寫出「會跳森巴舞，或會跳騷莎舞」，這就是本題的答案。

5. 不需提交報告，且不需通過考試。

●「需提交報告，或需通過考試」這句選言的否定，會變成一句否定的連言，也就是「不需提交報告，且不需通過考試」。學校真的有開這種課嗎？

註釋

1 相傳是棲息在日本的一種未確認動物，在日本各地都傳出過有人親眼目擊。牠的外型像槌頭，身體像肥胖的蛇。

第5堂

條件句：如果明天天氣晴

命題還可以再更長一點嗎？
「如果明天天氣好，飛男就去野餐」算長嗎？
不知道欸。
「天氣好」、「去野餐」的確都是命題。
當然可以！
用好幾個命題組成一個命題也行喔！
只要是能斷定真偽的句子就行了。
例如：
從街上轉個彎，走到大門的回望柳，這段路雖然遠了點，但璀燦燈火映入黑齒溝的三樓，傳來的陣陣喧囂已如近在眼前，（中略）年方十五，身材一般，那一頭如栗毛球似的髮絲，看來總讓人覺得與眾不同。此人名叫藤本信如，舉手投足間，莫名透露一股出身佛門世家的韻味。節錄自樋口一葉的〈比肩〉
這是什麼？
角色扮演？
這麼長的句子，只要能斷定真偽，也是一個命題喔！
這個也行囉？
壽限無，壽限無，五劫方磨盡，（中略）長久命之長助[1]
那是人名，要是有主詞和謂語的句子才行。
節錄自日本落語橋段《壽限無》
原來如此，我懂了！
「壽限無，壽限無（後略）哭了」……這樣就是命題了。
哇哇
就是這個意思。

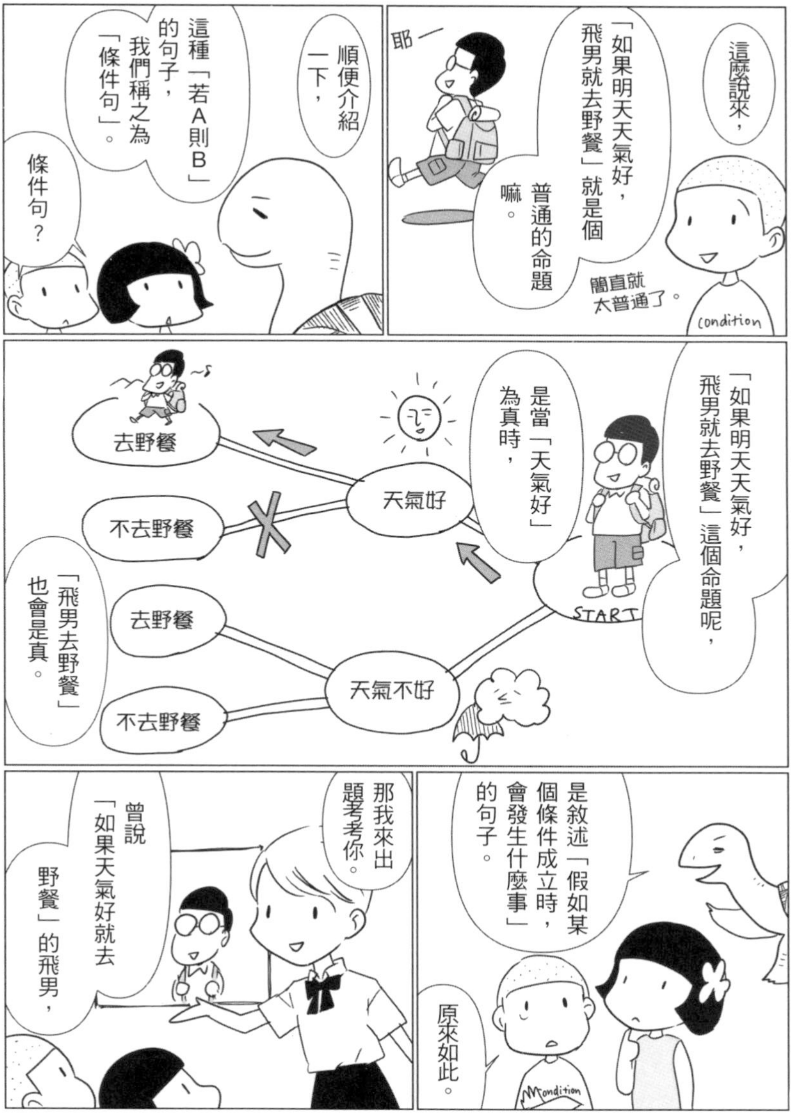
這麼說來，
「如果明天天氣好，飛男就去野餐」就是個
普通的命題嘛。
耶—
簡直就太普通了。
condition
順便介紹一下，
這種「若A則B」的句子，我們稱之為「條件句」。
條件句？
「如果明天天氣好，飛男就去野餐」這個命題呢，
是當「天氣好」為真時，
「飛男去野餐」也會是真。
START
天氣好
去野餐
不去野餐
天氣不好
去野餐
不去野餐
是敘述「假如某個條件成立時，會發生什麼事」的句子。
原來如此。
condition
那我來出題考考你。
曾說「如果天氣好就去野餐」的飛男，

如果後來又說「天氣雖好，但我不去」呢？
大騙子
如果他說的是「天氣不好，所以我不去」呢？
沒什麼。
很普通。
如果他說的是「天氣不好，可是我要去」呢？
咦？
耶—
那他就不會是騙子了嗎？
雖然他的確是個怪咖……
為什麼要故意這樣做？
沒錯！因為「天氣好就去野餐」這個句子，
完全沒提到天氣不好時會怎麼做。
天氣好
OK
去野餐
NG
不去野餐
天氣不好
OK
去野餐
OK
不去野餐
所以天氣不好時，去不去野餐都無妨。
原來如此。
看了這張圖，
就會發現即使他去野餐，並不代表天氣一定好。
這個發現很好。
反之，
如果他沒去野餐，
就代表天氣不好。
Bravo！

整理一下剛才的內容：
A 天氣好就去野餐
→原本的命題。若此命題為真……
B 去野餐就是天氣好
→不見得一定是真。
C 天氣不好就不去野餐
→不見得一定是真。
D 不去野餐就是天氣不好
→可以說是真。
原來如此。
如果A是對的，那麼同樣正確的，就只有D而已。
嗯。
condition
但通常我們說A的時候，心態上其實包括了C的意思。
不過就邏輯上來說，這是不對的。
咦？那……
如果我同時也想表達C的意思，該怎麼說呢？
condition
「天氣好的話就去，天氣不好的話就不去」
把話講清楚就行了啦！
落湯雞
因為有些事不講出來，別人就是不會懂嘛！

概念講解

什麼是「條件句」？

「若A則B」這種型式的句子，稱之為**條件句**。這種句子，是假設A命題成立時，B命題也會成立的主張句型，A叫做**前件**，B叫做**後件**，在英文中會以if（假如）來呈現。由於條件句是以「如果A成立」為前提的假設狀況，並未就「A不成立」時的情況表達任何主張，所以要讓「如果明天天氣好，我就去野餐」這個條件句成真，在天氣好的時候「我」就非得要去野餐不可，但如果天氣不好，「我」去不去野餐都無妨。

在說話時，會出現一些形式上看起來很像條件句的敘述，但只要前件的A不是假設內容，它們就不是條件句。舉例來說，「我去教室一看，發現老師已經在那裡」，在這個句子當中，前件是已發生的事實，並非假設，所以當然不是條件句。

我們在第二堂課看過否定句的「不、沒」，第三堂課探討了連言「且」和選言

「或」，這裡又談了條件句的「若……則……」。用這些元素連結命題，並加以論證的邏輯體系，稱之為**命題邏輯**。光談命題邏輯，就能含括相當程度的邏輯學範圍。

調換順序與肯定、否定

從「若A則B」這個條件句出發，如果將前件A和後件B的順序對調，變成「若B則A」，那麼這個句子就稱為**逆命題**；翻轉肯定和否定，變成「非A則非B」時，就稱為**否命題**；順序對調且肯定、否定翻轉，形成「若非B則非A」的句子時，稱之為**否逆命題**。以漫畫中龜樹老師整理的圖來說，A「天氣好就去野餐」是原始句子，逆命題是B「去野餐就是天氣好」，否命題是C的「天氣不好就不去野餐」，否逆命題則是D的「不去野餐就是天氣不好」。就像廣志說的，只有否逆命題的真偽和原文一致，逆命題和否命題的真偽，則不一定與原始句子一致。稍候在第七堂課中，還會再更進一步學習逆命題、否命題和否逆命題的詳細內容。

輝夜姬[2]開的條件

你說你想娶我？

求求妳答應。

既然如此，

你得找來能與蓬萊玉枝和火鼠裘匹敵的寶物才行。

欸！

總之我只要拿來就對了吧？

還真是強人所難啊！

呵呵⋯⋯

我可沒說拿來我就嫁給你喔！

⋯⋯嗯

可惡

歡樂邏輯養成班，超有料！

日常語言的含意

即使「天氣好就去野餐」這個條件句成立，我們仍無從得知它的否命題「天氣不好就不去野餐」是否成立。「在大雨中去野餐」這件事，就邏輯學上而言並沒有說謊。

不過，就像小花說的，在日常生活語言中使用條件句時，往往蘊涵著否命題。

例如，輝夜姬說「不拿寶物來我就不結婚」的這句台詞，讓王公貴族們拚命地去找寶藏。要是輝夜姬這時才對他們說：「我可沒說拿來我就嫁給你喔。」男士們恐怕都要大呼「開什麼玩笑」了。然而，輝夜姬並不是愛情的騙子，只不過，嚴謹的邏輯世界和我們日常生活中的互動，兩者的確會有些許落差。若能巧妙運用這些落差，人人都能當上詐欺大師，當然我不建議各位這樣做。在這個故事當中，如果輝夜姬說的是：「拿寶物來我就嫁給你。」那麼當王公貴族真的捧著寶物來求婚時，她就無從逃避了。所以，平常我們向別人提出條件時，一定要謹慎小心。

那麼，究竟故事裡的輝夜姬，是怎麼向男士們說明的呢？「五人之中，呈妾心之所向於目前者，則用情最甚，妾當以身許之。」（五人當中，誰能把我想看到的東西送到面前來，就表示他對我用情最深，我當以身相許）哎呀呀，她竟然說「拿來就嫁」，看來她應該是相當胸有成竹吧。結果後來的確有人拿贗品來充數，讓輝夜姬一時之間慌了手腳。

爸爸的承諾

明天如果天氣放晴，
我們就去公園傳接球吧！
耶！太棒了！
父親的威嚴
搞什麼嘛！竟然下雨。
好，那我們走吧！
啊？可是……
你不是說天氣放晴就去傳接球？
我又沒說下雨就不去。
走吧！
爸……
我們回家吧……
喂～再來一球！

練習題

以下各句當中，是條件句的請打○，不是條件句的請打×。

1. 比賽結束時若各隊同分，則進行延長賽。
2. 如果你下次考試考滿分，我就買腳踏車給你。
3. 我昨天吃壞肚子，所以無法專心考試。
4. 我放學時繞去書店逛了一下，發現我以前喜歡的女孩就出現在那裡。
5. 運動會當天如果下雨，就順延到隔天舉辦。
6. 不管爺爺再怎麼使盡全力拔，就是拔不出蕪菁。

答案與解說

1. ○
2. ○
3. ×
●「昨天吃壞肚子」是既成的事實，不符合「若……則……」的假設條件。
4. ×
●只是因為偶然繞去書店，就剛巧碰到這個情況，並不構成條件。
5. ○
6. ×
●「爺爺使盡全力拔」是既成的事實，不是假設條件。

註釋

1 日本說唱藝術「落語」的橋段之一。內容是講述一位父親為了希望剛出生的兒子能長命百歲，想取個好名字討吉利，便找了一位和尚商量。和尚給這位父親幾個建議，但他很難取捨，便將這幾個建議加在一起，幫孩子取了一個很長的名字，就是文中飛男唸的「壽限無……長久命之長助」。後來這名字成了日本家喻戶曉的一段繞口令。

2 日本平安時代（七九四年至一一九二年）流傳下來的故事。是描述一對生活儉樸的老夫婦，在竹林裡檢到一個可愛的女嬰後，便帶回家扶養，並取名為「輝夜姬」。後來輝夜姬長成了一個美若天仙的女孩，吸引各地的王公貴族前來求親。輝夜姬雖無意婚嫁，但有五位公卿百勸不退，輝夜姬便提出五個難題，要這五人分頭去找來佛御石鉢、蓬萊玉枝、火鼠裘、龍頸玉、燕子安貝，先找來的人就能娶走輝夜姬。

第6堂

充分條件、必要條件：這是必須，這樣就足夠

你們知道什麼是「充分條件」和「必要條件」嗎？
那是什麼？
聽是有聽過啦……
condition
什麼「充分」、「必要」的，一談到邏輯學，我就覺得好困難，通通聽不懂。
是嗎？
如果我們要買一根80元的冰棒……
那麼100元是必要？充分？
100
有100元的話，買完還會找零，當然是充分啊。
所以100元並不是絕對必要。
那我再問你，如果要買一根80元的冰棒，
那麼50元是必要？充分？
50
還差30元……當然這50元是必要……
而且還不夠。

要買80元的冰棒，
「手邊有50元」是它的必要條件，「手邊有100元」則是它的充分條件。
欸？好像不難嘛！
那我再問你們一題。
「手邊有80元」是「買得起80元冰棒」的必要條件，還是充分條件？
沒有80元就買不起，所以是必要條件吧？
可是有80就夠了，所以是充分條件啦！
你們兩位都答對了。
只要手邊有80元，就能達到買80元冰棒的必要且充分的金額，我們稱之為充分必要條件。
原來是指剛好不找零的狀態啊！
原來如此。
我中獎了！

剛剛這個我是聽得懂啦……
嗯—
要挑戰一下練習題嗎？
$x^2=4$　$x=2$
那就聽好囉！
X＝2和X^2＝4互為彼此的必要條件？
充分條件？還是充分必要條件？
如果X是2，X^2就一定是4，除此之外沒有別的可能。
所以X＝2是X^2＝4的充分條件，這應該沒問題吧？
2×2＝4
「X^2為4時，X是2」這也說得通。
啊！等一下！X是−2時也成立吧？
(−2)×(−2)
X^2一定得要是4，否則X就不會是2。
這的確是必要條件沒錯。
但光只有X^2＝4，無法確定X就是等於2，
所以不是充分條件。
$x=2$是$x^2=4$的充分條件
$x^2=4$是$x=2$的必要條件
這就是……
我們最後的答案！
恭喜答對！

大家再來想想這個例子吧！
橫濱市民和神奈川縣民的關係
横浜市
神奈川縣
是必要？還是充分？
只要是橫濱市民，就會自動具有神奈川縣民的身分。
只要滿足這個條件，
就一定是縣民，錯不了。
所以「身為橫濱市民」是「身為神奈川縣民」的充分條件。
反之，身為「橫濱市民」，就必須是「神奈川縣民」，
僅具有縣民身分無法斷定是否為橫濱市民
所以它是必要條件，但不是充分條件。
欸!?
等一下！
橫濱市歸神奈川縣管轄啊!?
沒有橫濱縣嗎？
是啊……
名古屋市位在愛知縣境內；神戶市則是歸兵庫縣管轄。
不過我可以了解你的心情……
町田市呢？
是東京都。
還真是在地話題啊！

概念講解

必要條件、充分條件

所謂的必要條件、充分條件，是用來表達命題A和命題B兩者關係的詞彙。當命題B要有命題A才會成立時，我們就會說「命題A是命題B的必要條件」；而只要有命題A，就足以讓命題B成立時，我們就會說「命題A是命題B的充分條件」。

以「若A則B」這個條件句而言，A是B的充分條件，B是A的必要條件。舉例來說，「飛男如果是橫濱市民，那他就是神奈川縣民」在這個條件句當中，「飛男是橫濱市民」為「飛男是神奈川縣民」的充分條件，「飛男是神奈川縣民」則為「飛男是橫濱市民」的必要條件。

再舉一個例子，讓我們一起來想想「波奇是狗」，和「波奇是哺乳類」這兩個命題之間的關係。

假如波奇是狗，牠自然就會是哺乳類，因為牠既然是狗，就不可能是鳥類或爬蟲

波奇 → dog
波奇 → 哺乳

類。只要「波奇是哺乳類」成立，所以是充分條件。

反過來看又會是如何呢？就算我們知道波奇是哺乳類，也無法自動斷言牠就是一隻狗。當然牠要是一隻狗，就必須是哺乳類不可；但光說牠是哺乳類，那牠就有可能是貓、牛或人。因此，「波奇是哺乳類」為「波奇是狗」的必要條件，但不是充分條件。

我們可以把它改寫成條件句來確認一下：「若波奇是狗，則波奇就是哺乳類」可以說得通，因此「波奇是狗」為「波奇是哺乳類」的充分條件，「波奇是哺乳類」為「波奇是狗」的必要條件。另一方面，我們無法斷言「若波奇是哺乳類，則波奇就是狗」。

充分必要條件與等值

當「若A則B」與「若B則A」同時成立時，A就是B的充分必要條件，B也是A的充分必要條件。舉例來說，「若未達到成年年齡者，則為未成年人」和「若為未成年人，則未達到成年年齡」同時成立，因此「未成年人」和「未達到成年年齡者」

互為**充分必要條件**。若以漫畫中的內容（第九一頁）為例，就是像現金八十元和八十元的冰棒這種剛好相等、沒有找零的關係（不過嚴格說來，「手邊有八十元」是「買得起八十元冰棒」的必要條件，但不是充分條件。要用八十元買到冰棒，必須有販售冰棒的商店。漫畫中為求簡單易懂，故以限定金額和物品的關係為前提來思考）。

當A和B互為充分必要條件時，我們也可以說「A和B**等值**」。若以符號來表示，則會寫成「A≡B」。A與B等值，代表若A為真，B也會為真；若A為偽，B也會為偽。

舉例來說，主動語態的「貓吃掉了一隻老鼠」這個句子，和被動語態的「有一隻老鼠被貓吃掉」，兩者在語感上雖稍有些微差異，但當其中一者為真時，另一者也會是真；當其中一者為偽，另一者也會是偽。故兩者為同值。

練習題

在下列1到4的敘述當中，「考試前一天」是相對於「讀書狀態」的何種關係？請從A到D當中，選出合適的選項。

1. 理子在考前一定會讀書。
2. 除了考前之外，小花絕不讀書，但考前也不見得一定會讀書。
3. 廣志在考前一定會讀書，但其他時間不讀書。
4. 飛男從不曾在考前讀書。

(a) 是必要條件，但不是充分條件。
(b) 是充分條件，但不是必要條件。
(c) 是充分必要條件。
(d) 既非必要條件，也不是充分條件。

答案與解說

1. (b)

● 理子在考前一定會讀書，換句話說，只要是「考前」，就足以讓「讀書」這件事成立，因此「考前」是「讀書」的充分條件（也可換掉主詞，改說「讀書」是「考前」的必要條件）。

2. (a)

● 小花如果讀書，一定是在考前。所以「考前」是「讀書」的必要條件，和問題1當中理子的敘述，在意義上相逆（相反）（也可換掉主詞，改說「讀書」是「考前」的充分條件）。

3. (c)

● 廣志在考前一定會讀書，到這裡為止和問題1的理子相同，也就是「考前」為

若A則

「讀書」的充分條件。然而，他在考前以外的時間不讀書，這一點和問題2的小花一樣，也就是「考前」為「讀書」的必要條件。以上兩者同時成立，所以「考前」是「讀書」的充分必要條件（也可換掉主詞，改說「讀書」是「考前」的充分必要條件）。

4. (d)

● 飛男從不曾在考前讀書，表示「考前」和「讀書」之間沒有關係，所以不是必要條件，也不是充分條件，更不是充分必要條件。

妳是充分條件

妳是必要條件

第7堂

逆、否、否逆命題：波奇是狗，狗是波奇

這個命題是真是偽？
①狗是哺乳類
是「真」吧
那這些呢？
②哺乳類都是狗。
③若不是狗，就不是哺乳類。
④若不是哺乳類，就不是狗。
②哺乳類都是狗。
人是哺乳類，但不是狗欸？
I am a dog
③若不是狗，就不是哺乳類。
這種「狗基本教義派」的想法是怎麼回事？
④若不是哺乳類，就不是狗。
……這應該是沒錯吧？
像這樣對調前後順序的句子，
就稱為
逆命題
順序不變，但肯定與否定對調者，
就稱為
否命題
還有
順序和肯定、否定都對調的，
就稱為
否逆命題

在這些敘述當中，和原本的敘述一樣為「真」者，就只有④的否逆命題吧？
在條件句當中也有同樣的規律嗎？
你記的還真清楚。
條件句也是一樣啊！
逆命題、否命題和否逆命題，可適用「若A則B」的條件句，或「所有的A都是B」這種句型的描述。
除此之外都不適用嗎？
做了A所以B……之類的。
那種句子變不出逆命題、否命題和否逆命題喔！
你們還記得必要條件和充分條件嗎？
逆命題與否命題的充分、必要關係，會和原句相反。
①④
哺乳類
狗
②③
狗
哺乳類
原來如此
狗是哺乳類的充分條件，在這個句子的逆命題和否命題當中，「狗」就會成為哺乳類的必要條件。
嗯
嗯
附帶一提，要是「若A則B」的A和B是充分必要條件，那麼它的逆命題和否命題也都會是「真」。
如果兩者完全吻合一致，那麼翻轉過後也會是一樣的。
未達成人年齡＝未成年

概念講解1

逆命題、否命題、否逆命題

在介紹條件句時，也曾經出現過「逆命題、否命題、否逆命題」等詞彙，這裡再複習一次。

我們在第五堂課也曾談過，若將**條件句「若A則B」當中的A、B順序對調，改成「若B則A」，就稱為逆命題；而順序不變，只調換肯定與否定，所形成的「若（非A）則（非B）」，就稱為否命題；順序對調，肯定否定也反轉的「若（非B）則（非A）」，稱為否逆命題。**否逆命題與原命題的真偽是一致的。換言之，一個命題和它的否逆命題等值；相對的，即使原命題為真，逆命題和否命題不見得一定是真（順帶一題，逆命題和否命題互為否逆命題，故為等值）。

能這樣寫出逆命題、否命題和否逆命題的，原則上就只有「若A則B」這種條件句，和「所有的A都是B」這種句型的命題而已。甚至我們也可以說：能寫出逆命題、否命題和否逆命題的，就是**條件句**的特徵。況且「所有的A都是B」能寫出逆命題、否命題和否逆命題，也是因為它帶有條件句的含意。舉例來說，「所有的印度教徒都不吃牛肉」，和「若此人為印度教徒，則不吃牛肉」的意思是一樣的；又或是「所有老虎都是肉食動物」，和「若牠是老虎，牠就是肉食」的意思相同。就像這樣，因為「所有的A都是B」，和「若是A則為B」這個條件句的意思相同，所以能寫出它的逆命題、否命題和否逆命題。

除了這兩者之外，命題都無法寫出逆命題、否命題和否逆命題。舉例來說，「有

你的牙齒

些哺乳類在水中生活」這個句子，既不是條件句，也不是「所有的Ａ都是Ｂ」的句型，所以寫不出逆命題、否命題和否逆命題；「我昨天睡過頭，所以遲到了」這個句子也是一樣，寫不出逆命題、否命題和否逆命題。

「若原命題正確，則否逆命題也正確」是一個很重要的觀念，它可以用來進行多種不同的證明。當原命題為真時，逆命題和否命題不見得一定是真，有時剛好同樣是真，有時也可能會是偽。例如，雖然我們說「蛀牙就會牙痛」，但並不見得一定「牙痛就是蛀牙」，也有可能是牙周病或牙齒敏感。

從「若Ａ則Ｂ」這個前提出發，就認為「若Ｂ則Ａ」這個逆命題，或「若非Ａ則非Ｂ」這個否命題也正確，是常見的思考謬誤。為減少誤會，我們要將逆命題或否命題清楚地以語言和文字呈現出來。例如像「明天天氣好就去野餐，天氣不好的話就不去」，講清楚、說明白最妥當。

木桶店效應

妳聽過「一刮風，木桶店就發大財」這句話嗎？
是日本江戶時代的俗諺對吧？對了，這句話是什麼意思啊？
因為只要一刮風，飛沙走石就容易跑進眼睛裡，導致失明的人增加。
め…
我的眼睛!!
洗一下眼睛嘛！
那個年代失明的人都會學三味線。
這也太硬性規定了吧？
即使是江戶時代也太超過了。
而要打造三味線呢，就需要抓貓，所以貓的數量就減少了。
哎一呀
要用到一整隻貓的肚皮
哇！
原來那是貓皮啊？
貓一減少，老鼠就變多，到處亂啃木桶。
喀啦
喀啦
喀啦
喀啦
喀啦
人類造的孽……
生態系就崩潰了。
大家只好去買新的木桶，所以木桶店就發大財了。
來唷—
OK
真猛—！
木桶店還真是不放過任何商機！
這個俗諺後來就被用來比喻「影響總會發生在令人意想不到之處」。
兜兜轉轉
那麼，木桶店不發大財，就不刮風了嗎？
呃……
奇怪？
木桶店要扛的責任還真是重。

所以當命題「若A則B」為真，
否逆的「若非B則非A」也為真！
一刮風，木桶店就發大財
我懂了。
所以木桶店不發大財，就不刮風！這樣說對吧！
怎麼好像怪怪的？
型式上是否逆沒錯。
你覺得該怎麼說才對？
木桶店有那麼神喔？
沒有
沒有
原本是「一刮風，木桶店就發大財」
唔，原本並沒有談到沒刮風的時候會怎麼樣，所以是兩者皆可……
起風
發大財
不發大財
沒起風
發大財
不發大財
「沒發大財」就表示沒刮風，對吧？
哦
剛才這個說詞，聽起來就不會覺得是木桶店在控制風了。
真的欸！為什麼會這樣？
那是因為
條件句是個怪胎……
做了A就會B
這種句型的條件句，多半會用
A發生之後
B發生
來呈現時間的先後關係。
のち

原來如此！否逆命題會調換原命題內容的順序……
所以直接拿原命題來改成否逆命題，時間順序就會前後相反，變得很奇怪。
就是這樣。
條件句的邏輯，和日常生活中所說的話不太一樣，不受時間的前後關係影響。
剛才的例句也是這樣，別把「木桶店發大財」想成在時間順序上先發生的事，
說成「木桶店沒發大財，就表示沒刮風」，這個否逆命題就是真命題了吧！
原來如此。
木桶店才沒那麼神通廣大，操縱不了風。
所以呢，
聽起來不是木桶店的問題喔。
欸？
搞什麼，
別嚇我嘛！害我慌了一下。
妳哪位啊？
妳什麼時候變成木桶店老闆啦？

概念講解2

否逆命題的寫法與時間問題

把「若A則B」的肯定、否定及前後順序對調，改成「若非B則非A」，就能寫出一個否逆命題，但機械式地套用此做法，恐怕會造成不小的問題。舉例來說，我們可以試著拿「一刮風，木桶店就發大財」這個俗諺，來寫出它的否逆命題——如果寫成「木桶店不發大財，風就不吹」，聽起來就像是木桶店有能力操控風要不要吹，讓人不禁想大喊：「木桶店啊，為了這個世界，你們要加油啊！」然而，原本的俗諺當中，其實並沒有這樣的含意吧？否逆命題應該要和原命題意思相同才對，這樣不太對吧？

這是因為在條件句的句型當中，包含了時間的流動，「做了A就會B」在這個句型當中，會嗅到「A發生之後B發生」的時間先後關係。當命題是「一刮風，木桶店就發大財」時，就包含了「要先起風，木桶店才會發大財」的含意。現在我們認為有可議之處的條件句，在邏輯學上並沒有這樣的時間先後順序關係，只要考慮「當A為真時，B是否為真」即可。不過，如果是像逆命題「若B則A」或否逆命題（若非A則非B）這樣，把句子的前半部分（前件）和後半部分（後件）對調時，句子看起來就會像是翻轉了時間先後似的。例如，當我們聽到「木桶店不發大財，風就不吹」這個句子時，會覺得木桶店要先「發財」或「不發財」，之後才會有起風或不起風的狀況發生。

這樣的現象，應該是因為我們拿日常生活中的語言來套用在邏輯上思考時，才會產生的難題。畢竟我們所使用的語言，並不是專為邏輯學設計的。不過，只要在說話方式上多用一點巧思，就能避免類似的誤會。以木桶店的俗諺為例，只要說「木桶店沒發大財，就表示沒刮風」，聽起來就不像是木桶店營收會左右氣候狀況了吧（所以請各位別因為這樣，就說「自己用的語言是非邏輯性的語言」喔）。

練習題

請寫出以下命題的逆命題、否命題和否逆命題。

1. 若週一是國定假日，則週二休館。
2. 開業醫師都有醫師執照。
3. 未成年人不能喝酒。
4. 不交報告就拿不到學分。
5. 只要分數夠就能考上。
6. 你說往右，所以我才右轉。

7. 重要的東西是用眼睛看不到的。

8. 千葉縣民都會跳油菜花體操。

9. 有些千葉縣民不會跳油菜花體操。

10. 偷竊是犯罪。

文豪人生

答案與解說

1. 若週一是國定假日，則週二休館。

逆命題：若週二閉館，週一就是國定假日。

否命題：若週一不是國定假日，週二就不休館。

否逆命題：若週二沒休館，週一就不是國定假日。

● 有些美術館或博物館的確是這樣的。

2. 開業醫師都有醫師執照。

逆命題：只要有醫師執照就是開業醫師。

否命題：只要不是開業醫師，就沒有醫師執照。

否逆命題：只要沒有醫師執照，就不是開業醫師。

● 就算不開業，醫師還是可在教學醫院任職，或從事研究工作。據說漫畫大師手塚治蟲也有醫師執照。如果沒有醫師執照，卻說自己是開業醫師，那問題可就大了……不過的確有一部漫畫的主角這麼做。

3.未成年人不能喝酒。
逆命題：不能喝酒的話，就是未成年人。
否命題：只要不是未成年人就能喝酒。
否逆命題：能喝酒的就不是未成年人。

●這個問題的原命題當中，雖帶有「不能喝酒」這個否定含意，但在否命題和否逆命題當中，要翻轉肯定和否定，所以只要改成「能喝酒」即可。附帶說明一下，這個例句當中說的能、不能喝酒，指的是法律上是否許可，與體內是否缺乏乙醛去氫酶無關。就算已經成年，體質上不能喝酒的人，可不能勉強自己硬喝喔！

4.不交報告就拿不到學分。
逆命題：如果沒拿到學分，那就是沒交報告。

否命題：只要交報告就能拿到學分。

否逆命題：如果能拿到學分，那就是有交報告。

● 這個例句正是「木桶店模式」，讀起來帶有時間前後關係的意味，因此在寫逆命題和否逆命題時，建議稍加留意它們的表達方式。附帶一提，否命題不見得一定為真，所以「不交報告就拿不到學分」，並不表示「交了報告就可以拿到學分」，請各位留意，除了必須提交報告之外，說不定還有其他的評分項目。

5. 只要分數夠就能考上。

逆命題：如果能考上，那就是分數夠。

否命題：如果分數不夠就考不上。

否逆命題：如果考不上，那就是分數不夠

● 在這個例句當中，看起來是只要分數夠就能考上。真是太好了。

6.你說往右，所以我才右轉。
寫不出逆命題、否命題和否逆命題。
●本題例句並非「若A則B」或「所有的A都是B」的句型，因此寫不出它的逆命題、否命題和否逆命題。

7.重要的東西是用眼睛看不到的。
逆命題：用眼睛看不到的，就是重要的東西。
否命題：如果不是重要的東西，用眼睛就能看得到。
否逆命題：如果是用眼睛看得到的，就不是重要的東西。
●這是安東尼．聖修伯里《小王子》當中的經典名句，寫成否逆命題之後，竟成了一個很激進的主張。

8.千葉縣民都會跳油菜花體操。
逆命題：會跳油菜花體操的就是千葉縣民。

否命題：若不是千葉縣民，就不會跳油菜花體操。
否逆命題：若不會跳油菜花體操，就不是千葉縣民。
●附帶一提，作者我從小在千葉縣長大，但我並不會跳油菜花體操。「凡是千葉縣民都會跳油菜花體操」這件事，我想應該是個誤傳。

9.有些千葉縣民不會跳油菜花體操。
寫不出逆命題、否命題和否逆命題。
●本題例句並非「若A則B」或「所有的A都是B」的句型，因此寫不出它的逆命題、否命題和否逆命題。不過，這句話的確所言不假。

10.偷竊是犯罪。
逆命題：若是犯罪就是偷竊。
否命題：若非偷竊就不是犯罪。
否逆命題：若不是犯罪就不是偷竊。

●順便提醒各位，偷竊在日本刑法上屬竊盜罪，可處十年以下有期徒刑，或五十萬日圓以下的罰鍰（日本刑法二三五條）。請各位切莫以身試法。

註釋

1 太宰治於三十八歲時自殺身亡，芥川龍之介是在虛歲三十六歲時自殺身亡，中島敦則是在三十三歲時因病過世。

2 井伏鱒二是在九十五歲因病過世，志賀直哉則是八十八歲時往生。

第8堂

推論：所以才會這樣呀！

接下來我們來探討「推論」吧！
說到「睡論」，就想到開在池塘裡的……
那是睡蓮。
或是放在工地現場的……
那是交通錐。
所謂的「推論」呢，要使用多個命題來進行……
人會死，
蘇格拉底是人，
所以蘇格拉底會死。
諸如此類的內容。
對吧，老師？
嗯，所謂的「三段論證」，也是一種推論。
從作為前提之用的命題當中，推導出可當作結論的命題。
前提1
人會死，
前提2
蘇格拉底是人
所以
蘇格拉底會死
結論
這就叫做「推論」。
數學的證明也是推論，
你的傘是濕的……
所以外面在下雨囉？
名偵探的推理也是推論喔。
這算是名偵探嗎？

嗯……可是，
真的可以把數學和偵探相提並論嗎？
推理這種東西，不多是穿鑿附會的嗎？
「提一堆可能性」的那種
嗯啊
的確，推論也分幾種類型。
演繹 deduction
歸納 induction
形成假說（溯因法）abduction
又出現困難的單字了。
演繹是，依循邏輯定律，對可做為前提的命題進行推演。
我是蘇格拉底。人都會死，蘇格拉底也是人，
所以就會死囉！沒辦法，沒辦法。乾杯！哈哈哈哈
若前提為真，結論也必定會是真，是很強大的推論方法。
數學中的證明，基本上也是演繹。
狹義來說，「邏輯」其實就是演繹。
嗯
AB=CD
AB//CD
AC=CA
數學
歸納是
烏鴉A是黑色
烏鴉B是黑色
烏鴉C是黑色
所有的烏鴉都是黑色。
用多個案例推導出一般性的法則。
歸納和演繹不同，即使前提是真，結論也不一定是真。
我找到白色烏鴉了！
只要有反例就不成立。

最後是假說
很好！輪到我了。
這就是偵探推理的模式。
從某個案例，去思考解釋它的假設。
富志的傘是濕的。
下雨天傘就會濕。
所以，外面一定在下雨。
不一定要有多個案例。
咦？
這個推論是「逆命題」吧？
前提
雨→濕
濕→雨
結論（假設）
真的欸！
不是說「逆命題不一定為真」嗎？
嗯，所以假設充其量還是假設。
可能會有錯，所以要驗證。
這不是雨水，是瀑布的水啦。
瀑布!?
附帶說明一下，歸納也可說是形成假說的一種形式。
原來如此。所以「會出錯」這一點也是一樣的。
ばっさ
ばさ
只有演繹不會出錯嗎？
那只用演繹不就好了嗎？

呃……
是這樣嗎？
演繹的確是一種可靠的推論，它雖然中規中矩，卻也不會帶來新的資訊。
聽你這麼一說
嗯……
況且演繹還是可能帶出錯誤的結論呀！
欸？真的嗎？
他這樣講欸！
若前提為真，結論也為真，但如果前提有誤，結論就有可能出錯。
錯誤的前提
人不會死
蘇格拉底是人
所以蘇格拉底不會死
錯誤的結論
喔～對喔！
原來如此。
好像也可以用錯誤的前提，推導出正確的結論喔！
豬會說話，蘇格拉底是豬，所以蘇格拉底會說話。
我腦子都亂了，你別再說了。
推論形式的正確與否，和命題的真偽
是兩回事。

概念講解

什麼是「推論」？

用一個可以當作**前提**的命題，**推導**出後面的結論，我們把這件事稱為**推論**。前提可以是有根據的知識、有證據的事實，總之是說話者認為「正確」的內容即可。接著再以多個前提為基礎，從中推導出讓人認為「如果這個正確，那麼這樣也說得通」的結論。

推導結論時會用到的連接詞包括「故」、「因此」等。若前提放在接續詞之後，也會用「因為」、「理由是」等連接詞。世上並不是每個人在論證時，都會乖乖使用連接詞，但找出前提和結論在哪裡，是幫助我們認清推論的線索。

演繹是狹義的邏輯

同意前提就必須認同結論，如此強大的推論，我們稱之為演繹。在學校的國文等課程當中，我想應該有很多人都學過這樣的內容：**歸納**是蒐集多筆案例，整理出**常態**，再**推導出結論**；而它的相反詞——**演繹**，是以一般通論為前提，找出個案的結論。然而，就邏輯學用語來說，「演繹」等於「從一般到個別」這樣的想法，其實是不對的。「從一般到個別」這種類型的演繹，固然不在少數，但並非都是如此。舉例來說，數學的證明是一種演繹推論，但它並不是「從一般到個別」，只不過在形式上，它的確是「同意前提就必須認同結論」。所以，狹義而言，當我們提到「邏輯」時，指的就是這裡說的演繹推論。

演繹是從「前提」到「結論」首尾一貫的推論，前提當中所沒有的新資訊，不會進到結論裡來，所以它中規中矩，但相對地，資訊量也變得比較少。換句話說，會讓各位覺得「這還用說嗎？」的推論，就是演繹。不過，也可能在我們用好幾個前提排列組合、屢次推導的過程中，會連結到意想不到的結論。

在進行何種形式的推論時，是「同意前提就必須認同結論」的呢？我在下一堂課會整理一些邏輯定律，就形式來看，它們都是讓人敢拍胸脯保證「這一定是演繹」的代表形式，稍候再慢慢練習。

歸納和假說

有些推論和演繹不同，即使我們同意它的前提，也不見得就一定要認同它的推論，這就是**歸納和假說**。**歸納和假說都會在提出假設的同時，拿出事實證據或知識前提**。假設其實就是「暫定的說明」，它和演繹不同，結論不一定只有唯一的正確答案。不過，廣義來說，這些推論也都屬於邏輯的範疇。

那麼，歸納和假說究竟有什麼不同呢？**歸納是「蒐集多筆同類型的案例，從中整理出常態模式」的一種推論**。在歸納中整理出一般通則，擬出假設後，多半會再進一步演繹這項假設，進而執行預測，或驗證假設的妥當性。

舉例來說，當我們蒐集了「烏鴉A是黑色」、「烏鴉B是黑色」、「烏鴉C是黑色」……等案例，並整理成一般通則，推導出「所有烏鴉都是黑色」的這個假設。接著就能夠以「所有烏鴉都是黑色」為前提，做出「烏鴉D也是黑色」、「烏鴉E也是黑色」……等預測。萬一發現「烏鴉X不是黑色」，就會再回頭思考「所有烏鴉都是黑色」的這個假設是不是有問題（順帶一提，烏鴉當中有所謂的白子，也就是體內天生就缺乏色素的白化體，所以嚴格說來，「烏鴉X不是黑色」這個命題是偽命題）。

讓我們再看一個例子。我很喜歡旅遊，以往曾造訪過許多國家。每當我前往那些沒去過的地方時，總會先查查美國前總統比爾．柯林頓（Bill Clinton）去過哪些店。理由是因為我曾實際走訪過幾家柯林頓去過的餐館，包括拿坡里的披薩店、越南的河粉餐館，以及上海的小籠包店，每家店的餐點都十分可口，價格也很合理，所以我就用歸納式的推論，擬訂出「美國前總統柯林頓去過的餐館都物美價廉」的假設。之後我就繼續演繹這個假設，心想在踏上旅途前，只要先用「城市名稱、柯林頓」來搜尋，應該就能找到餐點既便宜又好吃的店。實際上，我用這個方法，在紐約找到了一家三明治店，餐點的確是物美價廉。

而所謂的**假說**，**是要思考出能妥善說明眼前事實或證據的假設，不見得一定要先蒐集多筆案例**。此時，為了要推導出假設，通常我們需要出動一些知識來當作輔助的前提。舉例來說，當各位看到「雨傘濕了」這個前提事實，想必就會推導出「外面一定在下雨」的結論。此時，各位腦中應該都會有「下雨天撐傘，雨傘就會濕」的知識。像這樣運用**證據**和**輔助前提**推導出結論——即「可完整說明證據的假設」，就是所謂的假說。

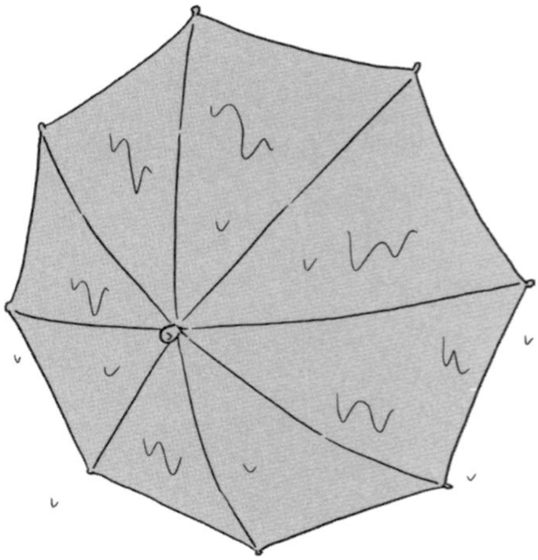

練習題

問題一、請寫出劃線部分是前提或結論。

1. (a)你這傢伙，偷吃了我的萩餅吧？你問我怎麼知道？你看看，(b)你的嘴邊沾滿了紅豆餡啦！
2. (a)塞車塞得好嚴重，(b)不知道是不是發生車禍了？
3. 「(a)不滿三十分的要補考」、「哇！那(b)我要補考了，因為(c)我只有二十分。」
4. (a)前天我抓到的那隻蟬死了，(b)昨天抓到的那隻蟬也死了，(c)剛才抓到的那隻蟬也死了。(d)原來蟬一下子就會死掉啊。

問題二、請在空格處寫下該句的推論屬於哪一種類型。

1（　　）是蒐集多筆案例，整理出常態，再提出結論的一種推論。

2（　　）是用來思考事實證據該如何說明的一種推論。

3（　　）同意前提就必須認同結論，是一種很強大的推論。

問題三、請用下列前提推導出結論，並說明推論屬於何種類型。

1. 我參加了雜誌的抽獎活動。主辦單位說會直接把贈品寄給中獎者，不另行通知。
我沒收到贈品，那就表示……

2. 我常聽到鄰居家的電視聲音，音量很大。這一定是……

3.去親戚家拜訪時，唯獨只有我被蚊子叮；和朋友去爬山，也只有我被蚊子叮；和哥哥一起待在緣廊，又是只有我被蚊子叮。這表示……

4.只要氣象預報的降雨機率在三〇%以下，我爸就不會帶傘出門。早上新聞說今天的降雨機率是二〇%，所以……

5.我在電視上看日本足球代表隊的比賽轉播，結果日本輸了；我看日本排球代表隊的比賽轉播時，也是日本輸；我看日本棒球代表隊的比賽時，也同樣是日本輸。換句話說……

答案與解說

問題一

1. 劃線的(b)「你的嘴邊沾滿了紅豆餡啦」是前提，並以此為證據，推導出劃線(a)「你這傢伙，偷吃了我的萩餅吧」的結論。說話者雖然沒說出口，但腦中已預設「吃了萩餅嘴邊就會沾滿紅豆餡」的這個**輔助前提**，所以本句的推論是屬於假說。

2. 劃線的(a)「塞車塞得好嚴重」是前提，而推導出的結論是劃線(b)的「不知道是不是發生車禍了？」，也就是用來說明這個事實的假設。這裡也預設了「發生車禍就會塞車」的輔助前提，所以是假說。

3. 劃線的(a)「不滿三十分的要補考」這項規定，和劃線的(c)「我只有二十分」這個事實，是推論當中的前提。從這些前提推導出來的結論，是劃線(b)的「我要補考了」。這個推論是「**只要同意前提，結論就會自動浮上檯面**」的演繹。

4. 劃線的(a)、(b)、(c)是前提，將這幾筆案例整理成常態的，是劃線(d)「原來蟬一下子就會死掉啊」的這個結論，故本題為歸納。

問題二

1. 歸納
2. 假說
3. 演繹

問題三

1. 我沒抽中。

● 這個推論是演繹，所以上述這個句子是結論。

2. 鄰居住的是聽力比較差的人，例如年長者之類的。

● 這個推論是假說。各位可以再想想有沒有更好的假設。

3. 蚊子都是衝著我來的！

● 這個推論是歸納。用歸納式推論找到的結論，不見得一定要是這個答案不可，這一點和演繹不同。以本題為例，說話者整理各種狀況，將「我被蚊子叮」常態化，因此我認為後面會說的話，大概就是「蚊子都衝著我來的」這樣的內容。

4. 我爸今天不會帶傘出門。

● 這個推論是演繹，所以結論一定是這個答案。不過由於本題並未嚴格指定說話者所處的狀況，因此也可以用「沒帶傘出門」、「應該是沒帶傘出門」等表達方式。

5. 我只要一看日本代表隊的比賽，日本隊就會輸。

● 這個推論是歸納。不管實際情況是否真是如此的屢試不爽，但還真的有這種人，甚至還有人會說「我希望日本隊贏，所以刻意不看比賽」。這種所謂的「魔咒」，大多是用經驗進行歸納性推論後所推導出來的結果。

第9堂

邏輯定律：絕佳的辦法不只一個

前幾章的細部解說

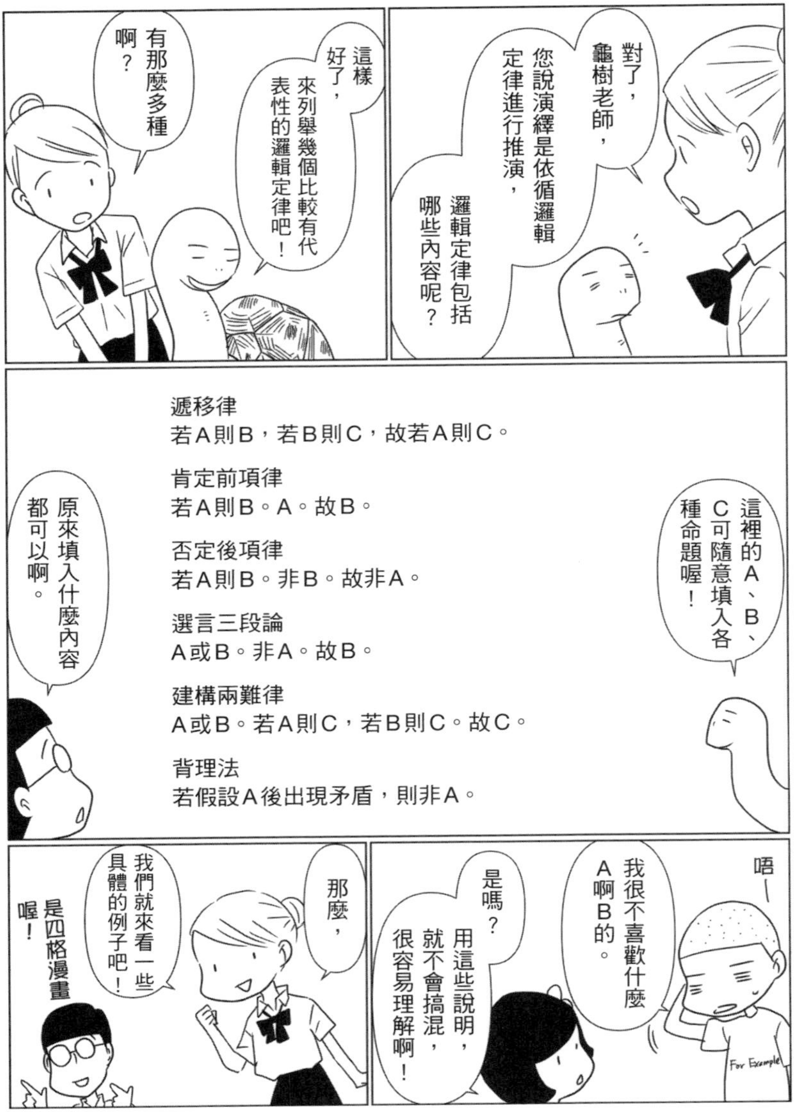
對了，龜樹老師，
您說演繹是依循邏輯定律進行推演，
邏輯定律包括哪些內容呢？
這樣好了，來列舉幾個比較有代表性的邏輯定律吧！
有那麼多種啊？
這裡的A、B、C可隨意填入各種命題喔！
遞移律
若A則B，若B則C，故若A則C。
肯定前項律
若A則B。A。故B。
否定後項律
若A則B。非B。故非A。
選言三段論
A或B。非A。故B。
建構兩難律
A或B。若A則C，若B則C。故C。
背理法
若假設A後出現矛盾，則非A。
原來填入什麼內容都可以啊。
唔—
我很不喜歡什麼A啊B的。
For Example
是嗎？
用這些說明，就不會搞混，很容易理解啊！
那麼，
我們就來看一些具體的例子吧！
是四格漫畫喔！

概念講解

命題邏輯的邏輯定律

所謂的**邏輯定律，指的是「必然成立」的命題或推論**。在談「否定」的那一堂課當中，曾探討過矛盾律和排中律，不知道各位還記不記得？像「『是A且（非A）』不存在」（矛盾律），或「『是A』、『非A』必有一者為真」（排中律），不論A的內容為何，都是恆真的命題。而矛盾律和排中律都是邏輯定律。

既然演繹要依循邏輯定律進行推演，那就讓我們來看看除了剛才提到的矛盾律和排中律之外，還有哪些邏輯定律吧！在A、B、C這些符號出現的地方，都可代入任何命題。即使代入再怎麼荒唐的命題，就形式上而言，它們都會是正確的演繹。

知心好友

遞移律

遞移律

若A則B，若B則C，故若A則C。

如果「若A則B」、「若B則C」都能說得通，A和C就能自動串聯，讓「若A則C」成立。即使彼此相連的命題再多，遞移律也都能成立。前面提過的「一刮風，木桶店就發大財」這句俗諺，也是屬於這種類型。

肯定前項律

若A則B。A。故B。

當「若A則B」為真，且A為前提時，結論自然就會是B，兩者關係一目瞭然。

由於肯定前項A就會推導出結論B，因此我們稱之為肯定前項律。

所謂無常

肯定前項律

臭男人！

否定後項律

否定後項律

若A則B。非B。故非A。

相較於肯定前項律，否定後項律又比較複雜一點。設「若A則B」為真，則它的否逆命題「若非B則非A」也會是真。由此可知，倘以「『若A則B』＝『若非B則非A』及『非B』」為前提，那麼「非A」也可以說得通。因為這個定律是以「非B」

和否定後項，而推導出「非A」結論，所以我們稱之為否定後項律。

附帶一提，肯定前項律是運用**前提命題**來論證的邏輯定律，而否定後項律運用的是**前提的否逆命題**。這裡請各位回想一下：逆命題和否命題「不見得一定是真」。使用否命題的否定前項「若A則B。非A。故非B」，或使用逆命題的肯定後項「若A則B。B。故A」，因為可能是真，也可能是偽，所以它們都不是邏輯定律。因此從演繹的角度來看，它們也都是錯誤的。

話說回來，理子她有男朋友嗎？
雉雞若沒出聲，
就不會被射中[1]。
嘰

選擇

選言三段論

選項要精簡……
所以午餐我都是二選一，
吃咖哩或拉麵。
今天要吃什麼？
我想想……
既然昨晚吃過咖哩，
那今天就別選咖哩好了。
原來如此，那就是拉麵囉！
不……
偶爾吃一下炸豬排蓋飯也不錯。
……

選言三段論

A或B。非A。故B。

以相容選言來看，「A或B」所表達的是「A」、「B」、「A且B」的任一個選項。而這裡以「非A」為前提，「A」和「A且B」出線的可能性就消失，所以剩下的就只有「B」了。

建構兩難律

A或B。若A則C，若B則C。故C。

這個定律的意思，其實就是讓人可以從A、B這兩個入口任選進去，但從A走進去之後，通往的是C房間，從B走進去也通往C房間，讓人直呼「什麼嘛！結果不都一樣是C嗎？」的狀態。

獵巫
建構兩難律

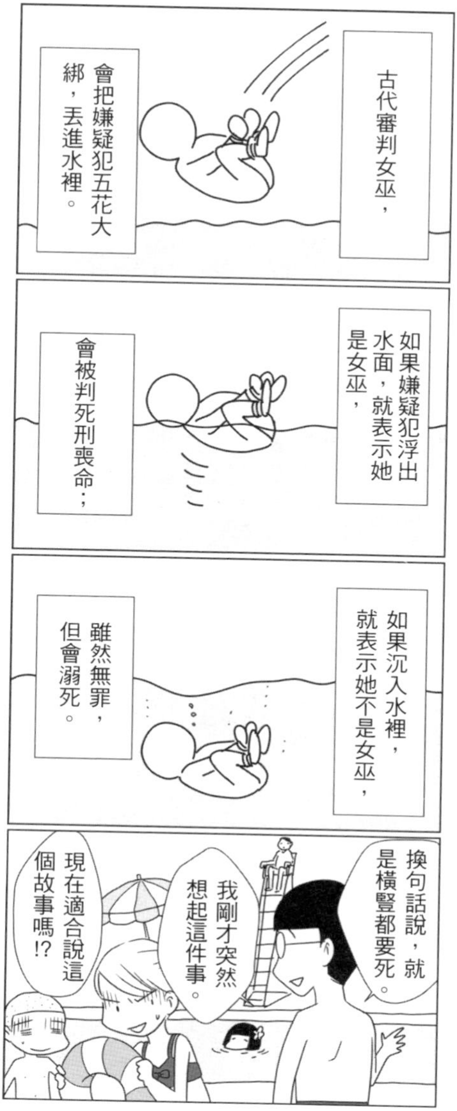

古代審判女巫，
會把嫌疑犯五花大綁，丟進水裡。
如果嫌疑犯浮出水面，就表示她是女巫，
會被判死刑喪命；
如果沉入水裡，就表示她不是女巫，
雖然無罪，但會溺死。
換句話說，就是橫豎都要死。
我剛才突然想起這件事。
現在適合說這個故事嗎!?

高中生 背理美眉！

背理法

若假設A後出現矛盾，則非A。

假設A時，會推導出「X且（非X）」這種自相矛盾的命題。我們在談否定的那堂課學過「矛盾律」這個邏輯定律，也就是「是A」和「非A」不會同時成立。如果最初的假設會將推論導向不該存在的矛盾，表示最初的假設應該有誤，這樣的思維，就是所謂的背理法。

像背理法這樣的論證方式，稱之為「**間接證法**」。它不是直接從正面去論證想證明的事，而是繞個圈子，用「如果不是這樣的話，就會產生矛盾，事情兜不攏，所以會是這樣」來證明。

這裡談的邏輯定律，或許看來都過於理所當然。不過，演繹才是同意前提就必須接受結論的強力推論法。前提裡沒有的新訊息，自然就不會出現在它的結論當中。這樣看來，邏輯定律應該別讓大家都覺得理所當然才是。

我想針對背理法做一點補充。
背理法是一種叫做「間接證法」的證明法。
間接證法？
照明
關節
這種證明法，是當「作為目的」的命題難以直接證明時，就間接從其他地方進行。
我已經懶得說你們了。
舉例來說，不是常聽到「不在場證明」嗎？
犯人就是你！
不、不是我！
當有人被懷疑是否涉及殺人案時，要怎麼證明他「當時不在案發現場」？
要證明他不在現場嗎？
唔……如果是要證明他在場，
好像可以找目擊者，或其他什麼記錄之類的……
沒錯，所以只要證明他當時「出現在別的地方」就行了。
地點B
同時刻
地點A（案發現場）
因為我們有「人類不可能同時出現在好幾個地方」的前提。

變 變 變
哇!?
會分身的人可就不適用了！
圖騰柱2！
背理法也是一樣，當難以直接證明命題時，
它是可以間接呈現「若非如此就會產生矛盾」的方法。
話說回來，數學課本介紹的背理法，
好像多半用在「質數有無限多個」，或「√2為無理數」等難以證明的命題。
唔，的確。
與其去證明無限，還不如呈現「如果有限，事情就會兜不攏」，感覺好像比較容易。
附帶一提，背理美眉的背理法是……
只能用背理法。背理美眉是高中生。
從這個假定出發，
如果是高中生，應該都通過了入學考試。
只用背理法不可能通過入學考試。
會是一個導向矛盾的流程。

矛盾不就是那個嗎？
很久以前，在中國有個賣矛和盾的人……
成語故事
快來看快來看！很便宜喔！
最利的矛和最堅固的盾。
我們有什麼盾都能刺得穿的矛，還有什麼矛都能擋得住的喔！
所以用那支矛刺那個盾會怎樣？
啊？呃……
會刺穿？還是刺不穿？
This is 矛
This is 盾
嗯嗯嗯!!
兩者都贏!!
這不是詐欺嗎？
我要報警。
可是平常不會這麼仔細思考事情究竟矛不矛盾。
是沒錯啦，不過我們會用背理法的概念來思考。例如先假定一個情況來推想，如果發展下去情況不妙，就否定那個假定。
前面教的我還記得！
「既A且非A」這個主張本身就矛盾，「矛盾律」指的就是這種「矛盾自始不成立」的情況，對吧？
假定我要送一條新卷鮭[3]給單戀的對象，
收到的人應該會被嚇跑。
所以還沒交往之前，最好不要送新卷鮭給人家……
就算已經在交往，人家也不會想要吧？
他就是這種人啊！

練習題

請從以下(a)至(f)當中選出合適的選項，對應下列1到6的推論。

(a)肯定前項律

(b)否定後項律

(c)選言三段論

(d)遞移律

(e)建構兩難律

(f)不是正確的演繹

1.喜歡一個人，應該都會送禮物給對方吧？可是我男朋友從來不送禮物給我，他一定是不愛我。

2.要是颱風登陸，電車就會停駛；電車要是停駛，學校就會停課。換句話說，要是颱風登陸，學校就會停課！

3.聽說只要燕子飛得很低，就會下雨。你看，現在燕子飛得那麼低，一定是要下雨了。

4.犯人肯定是在這一站下車的。既然如此，就要看是從北口還是南口出站了。既然他沒通過北口，那應該就是從南口出去了吧。

5.吃魚會變聰明。你不吃魚，所以不會變聰明。

6.我喜歡的那個女孩要是能再大方一點，一定會很討人喜歡。即便她不大方，我覺得她還是有討人喜歡的地方。總之我喜歡的那個女孩，就是很討人喜歡。

答案與解說

1. (b)否定後項律

● 如果喜歡一個人[A]，就會送禮物給他[B]。

若A則B。非B。故非A。

這樣的句型，是用否逆寫成的否定後項律。此處姑且不論「愛他的話就會送禮物」的前提是否為真。

2. (d)遞移律

● 要是颱風登陸[A]，電車就會停駛[B]；電車要是停駛[B]，學校就會停課[C]。

若A則B，若B則C，故若A則C。

這樣的句型，是呈現A→B→C連鎖的遞移律。

3.

(a)肯定前項律

● 只要燕子飛得很低[A]，就會下雨[B]。

若A則B。A。故B。

這樣的句型，是肯定前項律。

4.

(c)選言三段論

● 一定是從北口[A]或南口[B]出站。

A或B。非A。故B。

這樣的句型，是選言三段論。

5. (f)不是正確的演繹

● 吃魚[A]會變聰明[B]。

若A則B。非A。故非B。

這個導出的結果，是相對於前提命題的「否命題」，所以是否定前項。即使這個前提為真，結論也不見得一定是真，所以並不是一個正確的演繹形式。

6. (e)建構兩難律

● 大方一點[A]一定會很討人喜歡[C]，不大方[B]還是有討人喜歡[C]的地方。

A或B。若A則C，若B則C。故C。

這樣的句型是建構兩難律，在日文又稱為「無論如何律」。大方可愛，不大方也可愛，就表示不管怎麼樣都可愛，也就是所謂的「情人眼裡出西施」。

註釋

1 日本俗諺，意指禍從口出、言多必失。

2 totem pole，北美洲原住民的藝術品。

3 將鮭魚的內臟去除後，以鹽醃漬的加工品，是日本人歲末送禮的熱門商品。

第10堂

演繹的評估：找出隱藏前提！

評估演繹推論時，
我們該觀察哪些地方呢？
評估？
有分好或不好的喔？
「推論的形式正確與否」
您想說的是這個嗎？
沒錯，首先要看的是形式。
例如說，有肯定前項律和否定後項律。
有耶，在談邏輯定律的時候說過！
肯定前項律
若A則B
A
故B
這個定律如上所示，
若同意前提，自然等於認同結論。
否定後項律
若A 則B
非B
故非A
這是……
我知道！是「否逆命題」對吧？
如果「若A則B」為真，
「若非B則非A」也會為真。
……沒錯！

這裡來看一下否定前項和肯定後項。
應該看得出來它們都不正確吧？
肯定後項
若A 則B
B
故A
否定前項
若A 則B
非A
故非B
這是否命題
這是逆命題
逆命題和否命題不見得一定為真，
所以就演繹上而言是錯誤的。
在演繹當中，若前提為真，結論也必須要為真。
若以「一旦蛀牙就會牙痛」為前提，
那麼「不是蛀牙所以不痛」、「會痛所以是蛀牙」之類的都不行。
當然就「假說」而言是可以成立的……
也就是說它有可能出錯。
啊啊啊
說不定這不是蛀牙，而是牙根尖膿腫……
接下來，除了形式之外，還有一個要請各位留意的重點。
是什麼？

說穿了，其實就是前提的內容！
例如像是「蛀牙是不是真的一定會痛？」之類的。
畢竟前提出錯，結論也會跟著有問題。
偉大人物說的話，也不見得一定都對。
可別盲目全盤接受我說的話喔！
蛤？
還有，考慮前提時，
還要請各位留意「隱藏前提」。
隱藏前提？
有些讓演繹成立的必要前提，
我們會省略不說。
只要是人，總有一天會死。
所以妳也會死！
我什麼時候說過我是人？
比方說這個例子，背後隱藏了什麼前提？
A 理子 是 B 女生。
所以 A 理子 C 體力差。
看來B和C之間需要一些連結。
女生真的「體力差」嗎？

拜託！那是偏見！
砰！
我雖然是女生，但體力比廣志好多了！
體育成績是最高的5分喔！
是啦，這個部分
應該說是有個別差異吧。
別氣別氣，這裡只是想表達這個人心裡抱著這樣的前提。
氣氣氣
實際上，確實有很多隱藏前提裡都包括了有問題的命題。
原來如此。
對當事人而言，這些歧視或偏見都是想當然爾的事，所以問題更是盤根錯節。
飛男竟然說這麼有道理的話!?是不是要下紅雨了!?
這也是偏見。
好，我決定了！
以後我講話，所有前提都要講出來，概不省略！
真的假的？
這顆菇名叫豹斑鵝膏。豹斑鵝膏是一種毒菇，是帶有毒成分的菇類，吃了就會引起腹瀉、嘔吐和幻覺等中毒症狀。我們最好不要吃下會引發這些症狀的東西，所以請大家最好不要吃這顆菇。
這種說話方式也讓人覺得很煩……

概念講解

推論的形式

在評估演繹時，首先最重要的是：**檢視推論形式是否正確**。演繹是「當前提為真時，結論也必定為真」的推論，而符合這個條件的推論形式有限，所以推論形式正確與否，成了檢視時最大的重點。

常見的錯誤，是運用逆命題和否命題所做的推論。前面也曾提過，逆命題和否命題並不見得一定為真，會與原命題意義相同的，就只有否逆命題而已。舉例來說，如果我們把「一旦蛀牙就會牙痛」設定為真，後面接著說「廣志蛀牙了，所以他牙痛」，就是個正確的演繹形式；或改成否逆命題，說「牙不痛，所以不是蛀牙」，也會是個正確的演繹形式。可是，如果改成「牙痛，因為廣志他蛀牙了」，情況又是如何呢？

相對於原命題「一旦蛀牙就會牙痛」，「只要牙痛就是蛀牙」是個否逆命題，因此可能為真，也可能是偽。而在演繹當中，若前提為真，結論也必須是真，所以作為假說，這個推論的合理性很高（畢竟因為牙痛而去檢查是否蛀牙，最後發現真有蛀牙的情形的確很常見）；但就演繹而言是有誤的。

隱藏前提

在分析演繹推論的過程中，我們可以發現：某些該具備的前提會被省略，並沒有明確地提出來。我們姑且把它稱為「**隱藏前提**」。在一段長論證當中，若把所有前提都明確地呈現出來，會顯得太過冗長，因此省略一些「大家想當然耳」的前提，其實並不罕見。讓我們來看看「理子是女生，所以理子體力差」這個例子，找出跳過了哪些內容，並試著還原那些被省略掉的前提吧！在「理子是女生」這個前提當中，並不包括「體力差」的要素，但它卻出現在推論的結論裡，所以這裡會需要一個連結。請各位回想一下前一堂課教過的邏輯法則。我們把這個論證用符號來呈現時，就會變成這樣：

理子(A)是女生(B)。

所以理子(A)的體力差(C)。

如果補上

女生(B)就是體力差(C)。

就會形成「若A則B，若B則C，故若A則C」的遞移律。因此可以知道，此處所省略的隱藏前提是「女生就是體力差」的命題。

附帶說明一下，在漫畫當中，小花用了「我雖然是女生，但體力比廣志好多了！」表示抗議，但像「男生就是……」、「女生就是……」這種主詞很大的前提，往往都會出現問題。如果是加上「所有的」之後，都還能為真的命題，倒也還好，只可惜這一類的前提大多是「個人的主觀」。看看在角力或柔道比賽中拿下多面金牌的女子選手，總沒人敢說她們體力差了吧？要找出這種「有問題的前提」，就必須先發現有什麼隱藏前提才行。

有問題的前提

這次，我們先把目標設定在「看推論是否符合演繹的正確形式，有哪些是沒明白說出來的隱藏前提」。

然而，當在評估一個從「前提」到「結論」都具備的完整論證時，還需要考慮「命題的內容」，看它是否合於現實，足以稱之為真？或像龜樹老師說的，是否因為出自偉大人物之口，而讓我們認定它一定正確？甚至是因為它對自己有利，聽起來很令人滿意，就滿心想讓它列為正確？正如在前面探討過的，**隱藏前提有時會源自偏見或刻板印象，是「有問題」的命題**。我們應追根究底，釐清前提為何，才能檢討那些有問題的前提。

練習題

問題一、以下各句當中，具備演繹正確形式者請打○，不具備者請打×。

1. 只要一熬夜，隔天早上就很難準時起床。廣志每天都很早睡，所以他早上都能很早起床。

2. 在島國裡，人無法步行前往其他國家。日本是個島國，所以無法步行前往他國。

3. 小嬰兒喜歡會動的東西。飛男喜歡會動的東西，所以飛男是小嬰兒。

4. 因為爸爸工作的關係我要搬到札幌去。北海道沒有蟑螂，這下子我可以和蟑螂說再見了。

5. 美術館的休館日是週一，國立新美術館的休館日是週二，所以國立新美術館不是美術館。

問題二、請指出以下論證當中的隱藏前提。

1. 小花得了流感，所以無法上學。

2. 廣島縣民人人支持廣島鯉魚隊，所以飛男的父母支持鯉魚隊。

3. 「昨天是情人節。隔壁班的花澤同學沒向你告白嗎？她果然不喜歡你。」

4. 「不，如果她不喜歡我，不會和我四目相望吧？所以我就說她一定喜歡我。」

5. 「阿公，你不是和一個很厲害的國中生下將棋嗎？贏了嗎？」

「不，我沒贏。」

「什麼嘛！原來你輸了喔。」

波奇

聽說愛亂叫的狗都很膽小。
唔……
我家的波奇也很愛亂叫。
那牠一定很膽小。
是嗎？
我覺得不是。
不是嗎？
為什麼這樣說？
因為牠不是狗啊。
不是狗？
嗯，
應該是一種鎚蛇吧。

喜歡還是討厭？

我問你喔，
你喜歡我嗎？
啊？
你喜歡我吧？
沒有啦，
也說不上是特別喜歡。
那就是討厭囉？
呃
也沒有那麼討厭啦。
你這個膽小的弱雞！
祝你被抓去煮成照燒雞!!
嗚哇啊啊
反應還真是極端……

答案與解說

問題一

1 ×

●「熬夜就爬不起來。不熬夜，所以早上爬得起來」是用了否命題的推論謬誤（就演繹而言是個不正確的推論）。

2 ○

●「在島國裡，人無法步行前往其他國家。日本是個島國，所以無法步行前往他國」具備了肯定前項律的正確形式。

3 ×

●「小嬰兒喜歡會動的東西。飛男喜歡會動的東西，所以飛男是小嬰兒」，是用了逆命題的推論謬誤。就算每個小嬰兒都喜歡會動的東西，那些喜歡會動東西的人，不見得都是小嬰兒。

4 ○

●「北海道沒有蟑螂。（札幌位在）北海道。所以札幌沒有蟑螂」，這是肯定前項律的形式，所以是正確的演繹。附帶一提，北海道的蟑螂數量雖少，但不是完全沒有，因此嚴格說來，這一題的前提和結論是偽命題，但就形式而言，仍是正確的演繹。

5 ○

●「美術館的休館日是週一，國立新美術館的休館日是週二，所以國立新美術館不是美術館」，是用了否逆命題的否定後項律，就形式上而言是正確的推論。不過，說國立新美術館不是美術館，怎麼好像怪怪的？就這一題來說，有錯的是前提。的確有很多美術館或博物館訂在週一休館，但並不是所有的美術館週一都不開放。因為前提有誤，所以這裡的結論也跟著出了錯。

問題二

1.「小花（A）得了流感（B），所以小花（A）無法上學（C）。」

要讓這個演繹成立，需要有相當於「若B則C」的前提。因此，這裡的隱藏前提是「得了流感就無法上學」。實際上，日本有所謂的學校保健安全法，其中包括流感在內，只要罹患法規中規範的傳染病，就要暫停到校上學。為了保護自己，也為了保護身旁老師和同學的健康，生病時就在家休養，不要勉強上學喔！

2.「廣島縣民（A）人人支持廣島鯉魚隊（B），所以飛男的父母（C）支持鯉魚隊（B）。」

要讓這個演繹成立，需有「C為A」的前提。因此，隱藏前提是「飛男的父母是廣島縣民」。

3.「花澤同學（A）情人節沒向你告白嗎（B）？所以花澤同學（A）果然不喜歡你（C）。」

這個演繹要成立，需具備「非B則非C」的前提，也就是「沒在情人節告白，就是不喜歡那個人」。說得再簡單明瞭一點，它的否逆命題，就是「如果喜歡那個人，就要在情人節告白」。當然這個前提不見得一定為真。在日本，情人節成了「告白日」、「送巧克力的日子」，這件事本身就很奇妙。不過，每到這個季節，商家就會推出各種巧克力。姑且不論告不告白，對愛吃巧克力的人來說，這的確是個令人雀躍的季節。

4.「如果她不喜歡我[C]，不會和我四目相望[B]，所以她[A]一定喜歡我[C]。」該怎麼讓這個演繹成立呢？「非C則非B」應和它的否逆命題「若B則C」（若喜歡就會四目相望）相等，故可改寫出原先的推論，也就是「若B則C，故A為C」。而這裡的隱藏前提是「A為B」，也就是「她和我四目相望」。

5.「將棋沒下贏[A]，所以就是輸了[B]。」「非A，故B。」這個演繹唯有在「A或B其中之一」的前提下才能成立，因此，這一題的隱藏前提是「將棋不是輸就是贏」。順帶說明一下，將棋有和局制度，所以這個前提是偽。

第11堂

謂語邏輯：「所有」和「有些」

鯨魚是哺乳類。
這句話是什麼意思呢？
啊？
什麼意思？不就是字面上的意思嗎？
牠可不是魚類喔！
這裡的鯨魚，指的是所有的鯨魚，對吧？
如果不是所有鯨魚呢？
例如 有鯨魚會吃人。
雖然不是所有鯨魚都這樣，但有些鯨魚的確是如此。
當我們想表達這樣的狀態時，該怎麼說才好？
大口吞
啊—
你是指「全部」或「部分」嗎？
前面倒是沒思考過這個問題。
嗯，到目前為止，我們談過運用「並非／並沒有」、「若」、「且」、「或」的邏輯，它們都叫作「命題邏輯」。
在這些命題邏輯當中，再加入「所有」或「有些」，就成了所謂的「謂語邏輯」。
趁著機會難得，我們也來學學謂語邏輯吧！
好！

表述「所有」的句子，我們稱之為「全稱命題」；表述「有些」的句子，我們稱之為「存在命題」。
就像這樣⋯
全稱命題
所有〇〇都是××
存在命題
有些〇〇是××
（××的〇〇是存在的）
你們還記得「笛摩根定理」嗎？
這兩個命題和「且」、「或」一樣，
都適用笛摩根定理。
⋯⋯舉例來說
對這個全稱命題來否定看看吧！
所有人都會死。
呃⋯⋯
是「所有人都不會死」嗎？
長生不老！
這是人類未竟的夢想!!
咚
!
很可惜，答錯了。
什麼⋯⋯
不對嗎？
噹
我知道了！
是「有些人不會死」，對吧？
對喔！
只要有一個人不會死，
「大家都會死」就會被否定。

那這個句子的存在命題呢？
有些人看過外星人
要否定它的話……
是這樣吧？沒人看過，對吧？
所有人都沒看過外星人。
變成全稱命題了！
外星人啊……我是有看過啦。
呵呵呵
你說的該不會是我吧？
啊
!?
就像這樣，否定了全稱命題後，就會變成存在命題；
否定了存在命題後，就會變成全稱命題。
所有〇〇都是××。
↓ 否定
有些不××的〇〇。
有些〇〇的××。
↓ 否定
所有〇〇都不是××。
這就是「所有」和「有些」的笛摩根定理。
順便介紹一下，用來表示「所有」和「有些」的符號如下。
它們都是用來表達「量」，故稱為「量化詞」。
ALL的A
∀ 全稱量化詞
∃ 存在量化詞
EXIST的E
我們會寫∀x、∃x，代表「所有的x～」、「有些x～」
欸？
這些不是表情文字用的符號嗎？
應該說我只看過它們在這種時候出現。
來了 ----- (゜∀゜) -----
不是喔。

「大家」是誰？

媽媽，買電動玩具給我。
不行。
唉喲，拜託嘛！我們班大家都有欸！
我想玩花枝的遊戲。
大家？你在說謊。
我們家沒有，
就表示「大家都有」是個偽命題。
被打臉！

戀愛體質

小花，妳喜歡聊戀愛話題是無妨，
但我覺得並不是「每個人都愛著別人」。
難道理子妳覺得「每個人都不愛別人」
這種充滿殺戮之氣的世界比較好嗎？
我不是這個意思，
是「有些人並沒有愛著某人」啦！
想必一定有這種人，而且有這種人也無妨吧？
改成「有人誰都愛」如何？
哈囉！風流多情的男人就是我。
飛男你閉嘴啦！

概念講解1

謂語邏輯

主張「所有的F都是G」的句子，稱之為**全稱句（全稱命題）**；主張「有些F是G／也有像G的F存在」的句子，稱之為**存在句（存在命題）**。

例如，「所有的老虎都是肉食動物」是全稱命題；「有些鳥不會飛／世上也有不會飛的鳥」則是存在命題。

前面幾堂課中探討過用**連言**「且」、**選言**「或」、**否定**「不、沒」、**條件**「若……則……」所建構出來的邏輯體系，我們稱之為**命題邏輯**；而在命題邏輯當中，再加入**全稱**「所有」和**存在**「有些」這兩個元素的邏輯體系，可稱之為**謂語邏輯**。

為什麼要稱它為謂語邏輯呢？以「所有的老虎都是肉食動物」為例，一起來想一想吧！一般來說，我們會認為這個句子的「老虎」是主詞，「肉食動物」是謂語。然而，在謂語邏輯當中並不這麼想。「所有的老虎都是肉食動物」，代表的是「不管是什麼老虎，只要是老虎都是肉食動物」。此時「老虎」就和「肉食動物」一樣，都是謂語。

同樣的，在「所有未成年人都不能喝酒」的句子當中，「未成年人」被視為一個謂語，而不是主詞。聽到這句話，就要想成是「不管是什麼人，只要這個人未成年，就不能喝酒」，這就是謂語邏輯的思維。我們可以再來想想「世上也有不會飛的鳥」的例子。在這個例子當中，把「鳥」當成謂語，並認為「在鳥類當中，有一部分是不會飛的」。

「所有」或「有些」指涉的是**謂語當中符合條件者的「量」**。就像是「符合『老虎』這個謂語的全部選項」或是「符合『鳥』這個謂語的部分選項」。換言之，考慮「所有」或「有些」的數量多寡，等於就是以謂語為中心來思考，所以它才會被稱為謂語邏輯。

「所有」、「有些」和否定

要否定含有「所有」和「有些」的句子時，笛摩根定理都會成立，就和否定那些帶有「且」與「或」的句子時一樣。

讓我們先來想想**全稱句的否定**。如果要讓「條條大路通羅馬」的句子變成否定，該怎麼寫呢？會變成「並非條條大路都通羅馬」，也就是「有些大路不通往羅馬／世上也有不通往羅馬的路」。這幾個句子是在主張：世上的確存在部分元素符合「不通往羅馬的道路」這個否定內容。否定全稱句變來的結果，就會寫出**否定的存在句**。

接下來，再來想想**存在句的否定**該怎麼處理。如果要讓「世上也有住在海裡的哺乳類」變成否定，該怎麼寫呢？會變成「世上沒有哺乳類住在海裡」，也就是「所有的哺乳類都不住在海裡」，它是一個否定的全稱句，主張所有元素都符合「不住在海裡」這個否定內容。所以把存在句變成否定，就會寫出**否定的全稱句**。

「全稱的否定」就是「否定的存在」，「存在的否定」就是「否定的全稱」，這就是「所有」與「有些」的笛摩根定理。

謂語邏輯的推論

哪些內容可以稱得上是謂語邏輯（也就是包括「所有」、「有些」）的推論呢？笛摩根定理就是一種謂語邏輯的推論。其他還有像以下這種謂語邏輯的推論：

● **有些F是G，所有的G都是H。所以有些F是H。**

來看一下具體內容吧！

有些青年是相撲選手，所有的相撲選手都以登上國技館[1]比賽為目標。因此，有些青年是以登上國技館比賽為目標。

上面論述是以「若前提為真，則結論也為真」的演繹推論。那麼，以下這個推論，又該怎麼分析呢？

有些青年不是相撲選手，所有的相撲選手都以登上國技館比賽為目標。因此，有些青年並不是以登上國技館比賽為目標。

若以符號來表示，就會變成以下這樣的句子：

● **有些F不是G，所有的G都是H。所以有些F不是H。**

在「所有的G都是H」的前提下，說出「有些F不是G，所以它們不是H」這樣的說詞，其實是使用了否命題（只要不是G就不是H）的推論謬誤（就演繹而言並不正確的推論）。實際上，參加日本各地機器人大賽預賽的專科生，也都是以參加「在國技館舉辦的全國決賽」為目標。

謂語邏輯的推論，基本上就和我們在命題邏輯範圍內探討的推論一樣。不過，因為謂語邏輯的推論還包括「所有」和「有些」，所以看起來的確比較複雜，比較容易搞錯。

謂語邏輯也有所謂的「邏輯定律」嗎？
有有有。例如說像這個：
全稱個例化
全稱個例化？
所有的A都是B。
a是A，
所以a是B。
所有的烏龜都有殼。
龜樹老師是烏龜，
所以龜樹老師有殼。
原來如此。
也就是說，如果全部都是如此，那麼全部當中的任一個，當然也會是如此。
還有別的嗎？
還有這樣的定律：
存在通則化
a是B，
a是A，
所以有些A是B。
存在通則化？
理子是鐵道迷。
理子是個女孩，
所以有些女孩是鐵道迷
（世上也有一些具鐵道迷身分的女孩）
說得好像鐵道是男孩專屬的興趣，真令人火大。
只要有案例，存在命題就會成立。是這個意思吧？
還是有一種想當然耳的感覺欸……
想當然耳
不論在什麼情況下都能成立，所以才叫做邏輯定律啊。
不挺好的嗎

概念講解2

謂語邏輯的邏輯定律

雖說謂語邏輯會用到的是「所有」和「有些」，不過還是希望各位要對謂語邏輯的邏輯定律有基本認識。這裡要介紹的是**全稱個例化**和**存在通則化**。乍聽之下好像很難，但其實都是一些想當然耳的內容。就讓我們各舉一些例子來看看吧！

● **所有的東西都是F，所以a是F。**

所有東西都有重量，所以奈良的大佛也有重量。

這就是全稱個例化最簡單的例子。

- **所有的F都是G。a是F，所以a是G。**

所有的狗都是哺乳類。巧比是狗，所以巧比是哺乳類。

這是從全稱句導向個別案例的推論。如果「每一隻狗都是哺乳類」說得通，而巧比是包括在「每一隻狗」當中的一個元素，那麼牠也就是哺乳類。

接下來要看的是從個別案例出發，導向存在句的「存在通則化」。

- **a是F。所以F是存在的。**
- **a是G，a是F。所以有些F是G／G的F是存在的。**

三毛會游泳，三毛是貓。所以世上的確有會游泳的貓。

既然「三毛」這隻特定的貓會游泳，當然也可以說世上的確有會游泳的貓存在。

含多個「所有」和「有些」的句子

前面討論的例句當中，「所有」和「有些」都只有一個。其實我們也可以寫出運用多個「所有」和「有些」的句子。聽起來很複雜嗎？但我想，我們早已在不經意之間說、寫過含多個「所有」和「有些」的句子了。例如「獴比龜殼花強」這句話，意思是「所有的獴都比所有的龜殼花強」；又或是「有些人討厭貓」這句話，其實是「有些人討厭所有的貓」的意思。

像這樣混合使用「所有」和「有些」，就能大幅提升謂語邏輯的表現力。

練習題

問題一、請運用笛摩根定理，將以下句子改寫成符合指定形式的否定主張。

1.所有人都有盲腸。

↓世上也有「　　　　　　　　」的人。

2.這個班上有人考試考滿分。

↓這個班上所有人考試都「　　　　　　　　」。

3.大家都知道我可恥的過去。

↓世上有人「　　　　　　　　」。

4.有些小說家很遵守截稿期限。

↓所有的小說家都「　　　　　　　　」。

5.龜樹老師讀過圖書館裡所有的書。

→龜樹老師其實「　　　　　　　　　　」。

問題二、請寫出以下的句子是全稱個例化或存在通則化。

1.我的籤是從這個箱子裡抽出來的。聽說這裡的籤張張有獎，沒有不中的。要是真的這樣，那就表示我這張籤一定也會中獎。

2.聽說三年級的杉學長在柔道全國錦標賽當中奪冠了！也就是說，我們學校裡有個全國柔道冠軍！

問題三、假設現在世界上只有a、b、c三個人。在以下①至④的情況中，A到D何者是真命題？請選出所有符合條件的真命題。

①a愛b，b愛c，但c不愛a也不愛b，甚至不愛他自己。

②a愛b，b愛c，c愛a。

③a不愛b也不愛c，甚至不愛他自己。b既愛a也愛c，同時也愛他自己。c愛a。

④a不愛b也不愛c，甚至不愛他自己；b同樣不愛a也不愛c，甚至不愛他自己；c同樣不愛a也不愛b，甚至不愛他自己。

A.「每個人都愛著別人」

B.「每個人都不愛別人」

C.「有些人並沒有愛著別人」

D.「有些人愛著每個人」

答案與解說

問題一

在第四堂課當中，我們已經學習過「且」與「或」的笛摩根定理。而這裡要探討的是全稱句和存在句的笛摩根定理，口訣是「全稱的否定是否定的存在」、「存在的否定是否定的全稱」。

1. 沒盲腸的人

● 因為要把全稱句變成否定，所以會寫出否定的存在句。

2. 沒考滿分。

● 要把存在句變否定，改寫出否定的全稱句。或許有些人會覺得在「有人」前面簡單加個「沒」，變成「這個班上沒有人考試考滿分」，比較自然。就句子的意義而言，兩者是相同的，但為了讓各位更清楚地看出這是否定全稱句，所以設了指定的句型條件。

3. 不知道我可恥的過去

● 把全稱句改成否定，寫出否定的存在句。順帶一提，可恥的過去是形塑出「現在」的元素之一，所以不管有沒有人知道，沒有什麼事是所謂的黑歷史。不過，當然沒人知道最好。

4. 不遵守截稿期限

● 存在句的否定，也就是否定的全稱句。想必不守時的應該不只有小說家，不過這不是此處要討論的重點。

5. 圖書館裡有些書沒讀過。

● 全稱句的否定會變成否定的存在句。世上的書籍數量多不勝數，我們窮盡一生都讀不完，所以必須定出哪些書要讀、哪些書不讀。期盼各位會把這本書列入要讀的書籍清單裡！

問題二

1. 全稱個例化

● 若把題目改寫得更簡單一點，就會變成這樣：

「這個箱子裡的籤都是有獎籤。剛才抽的籤是這個箱子裡的籤，所以剛才抽的這張籤會中獎。」以上這句話若用符號來呈現，就會變成「所有的A都是B。a是A，所以a是B」。而它就是全稱個例化的句型。

2. 存在通則化

● 「杉學長是日本全國柔道冠軍。杉學長是這所學校的學生，所以日本全國柔道冠軍是這所學校的學生。」它就是存在通則化的句型。

問題三

我先把題目內容①到④的情況，用表格來匯整過後，再把題目內容改寫成有「每個人」、「有些人」的句型。而表格中的縱軸是「誰」，橫軸則是「對誰」。

①

	a	b	c
a	×	○	×
b	×	×	○
c	×	×	×

②

	a	b	c
a	×	○	×
b	×	×	○
c	○	×	×

③

	a	b	c
a	×	×	×
b	○	○	○
c	○	×	×

④

	a	b	c
a	×	×	×
b	×	×	×
c	×	×	×

①a愛著別人，b愛著別人，c沒愛誰。

因為有c這個誰都不愛的人，所以A的「每個人都愛著別人」是說不通的。再者，因為有愛著別人的a和b，所以B的「每個人都不愛別人」也說不通。至於C的「有些人並沒有愛著別人」是可以說得通的，因為c的確是沒愛著誰。那麼D的「有些人愛著每個人」又該怎麼看呢？目前在這情狀中，並沒有任何人是「愛著每個人」，換句話說就是沒有「愛著所有人」的人，所以D也是說不通的。綜上所述，C命題為真。

②a愛著別人，b愛著別人，c愛著別人。

a、b、c都處於愛著別人的狀態，和A的「每個人都愛著別人」的狀態是一樣的。因為沒有任何一個人是處於不愛別人的狀態，所以不符合B的「每個人都不愛別人」和C的「有些人並沒有愛著別人」。再者，這當中也沒有誰愛著所有人，所以D的「有些人愛著每個人」也不對。因此，A才是真命題。

③a沒愛誰，b愛著每個人，c愛著別人。

因為有個沒愛誰的a，所以A的「每個人都愛著別人」並不成立。至於b和c都在愛著別人，所以B的「每個人都不愛別人」是錯的。而因為有b，所以D的「有些人愛著每個人」是對的。因此，本題的答案是C和D。

④a沒愛誰，b沒愛誰，c沒愛誰。

在這個案例當中，三個人都沒有愛著別人，所以主張大家都心有所屬的A「每個人都愛著別人」和D「有些人愛著每個人」是偽命題。直觀而言，符合這個案例的，是B的「每個人都不愛別人」，但其實C的「有些人並沒有愛著別人」也同時為真。因為若「所有的人都〇〇」為真時，「某人〇〇」當然也為真。故本題答案是B和C。

潛力

這個班上的學生，大家都具備很傑出的才華。
我也是這個班上的學生，
所以就表示……？
嗯
妳有傑出的才華。
哇～！
那麼，我也是？
我也是？
所以我也是？

溫柔地愛我

我沒人愛……
沒人要愛我……
沒那回事！
飛男很愛你啊！
我？
真的嗎？
飛男愛廣志，
就表示這世上有人愛廣志啊！
原來如此！那妳呢？
我？我啊，
一直都是外貌協會。
嗯，所以呢？

註釋

1 正式名稱是「兩國國技館」，產權屬於日本相撲協會，是相撲比賽最知名且最具權威的比賽場館，也常用於舉辦各種展演與活動。

第12堂

歸納和假說的評估：真相永遠只有一個！那可不一定

接下來就是歸納的評估了吧！
終於來了！
話說歸納是什麼？
從多個案例找出一般性的結論啊！
你忘了啊？
閃亮
因為我這個人就是愛走「不歸」路，從不回頭的呀！
你以為自己說的話很高明嗎？
在歸納當中常見的陷阱，就是案例太少，或是太特殊。
飛男和廣志都是大笨蛋！
結論：男生都是大笨蛋。
えっ
男人有很多種，光用他們兩人來做結論，這……
むっ
人數可是有將近35億啊。
那只要多找幾個人，就能說男人是大笨蛋了。
べつに
沒必要非得這樣說吧？
不要！我就是想說。
咚
咚
這種預設結論的說法，我覺得不太好。
是、是吼……

在歸納過後，即使找出一般性的通則，也還不算結束喔。
接著要以這個通則為前提，進行演繹……
用它來預測其他個案
烏鴉A
烏鴉B
烏鴉C
歸納
所有烏鴉都是黑色的
演繹
烏鴉D
烏鴉E
烏鴉F
拿通則和現實狀況對比，檢驗通則是否合宜。
只要符合通則的例子越多，這個通則就會成為一個更穩固的假設。
喔，烏鴉是黑的啊
萬一出現不符通則的案例呢？
烏鴉的白子
哇！竟然找得到這個！
妳有狩獵的才華喔！
只要出現白烏鴉的反例，就表示「所有烏鴉都是黑色的」這個命題是偽命題。
可改成「雖有例外，但大多數的烏鴉都是黑色」，或放棄「烏鴉都是黑色的」這個論述，要視情況而定。
往往會被當作是神的使者。
〔白子〕
albino
毛、皮上無法生成色素的個體
那你打算怎麼辦？
嗯……
如果白子算是一種解釋的話，那當作例外來處理就好了吧……
年輕人，面對現實，盡情煩惱吧！

概念講解1

歸納的評估

我們該從哪些項目來進行歸納推論呢？歸納是**匯整多個案例後找出其中的共通點，並化為一般通則**。這裡的關鍵是，要找哪些案例，以及要蒐集幾個例子。

首先，要將案例化為一般通則，要看能不能**蒐集到同類的案例**。舉例來說，我們只要找來烏鴉A、烏鴉B、烏鴉C、烏鴉D……等烏鴉，找出「烏鴉是黑色的」這個結論即可。即使找來麻雀或鴿子，也無法就烏鴉毛色提出結論。不過，就算找來的都是烏鴉，案例的質和量也很重要。只看兩隻烏鴉就說「烏鴉是黑色的」，會令人質疑「其他烏鴉真的都是黑的嗎」。因此**樣本數必須達到在統計學上有意義的數量才行**。此外，找來的案例太偏頗，例如只找突變的烏鴉白子（albino），就做出「烏鴉都是白色的」這種結論，在歸納上是有瑕疵的。

或許各位會覺得「我才不會做這種傻事呢」。不過，像是在網路上做一個「網路意識調查」的舉動，就是大家常犯的錯誤。網路使用者和非使用者，對網路的想法必然有所不同，但如果設計了一個只能在網路上作答的問卷，就調查不到非使用者的想法了。因此，建議各位不妨從上述的觀點來確認蒐集的案例用於歸納結論是否合宜。

產地直送

海膽
鮭魚卵
螃蟹
馬鈴薯
玉米
蘆筍
北海道的東西，還真是樣樣都好吃欸！
真的嗎？很高興聽妳這樣說，因為我也是北海道「產」的。
欸……
流口水

嚴格說起來，以下要談的這一點，並不是用來評估「歸納」這件事本身合宜與否的工具。不過有時候用歸納推論導出通論後，想再進一步演繹時，就會把原本不符歸納條件的項目也都納進來。例如在前面的四格漫畫當中，小花心裡想的這個推論：「北海道的東西樣樣都好吃，廣志是北海道人，所以廣志也很好吃。」把適用範圍擴大到人類並不恰當，畢竟就常理而言，應該沒人吃過廣志。

這種「過度類化」的現象，在語言學習上頗為常見。[1] 學習語言的使用規則，其實就是要運用歸納推論來進行。但在精熟這些規則的適用範圍之前，「過度類化」是學習者必經的過程。

會不會是喝了過期的牛奶啊？
說不定是有寄生蟲喔！
你們在做什麼啊？
理子也要加入嗎？
我們在玩假說遊戲。
針對廣志肚子痛的原因進行推理。
好痛
剖開他的肚子看看就知道了吧？
雖然我沒有醫師執照☆
不要連理子都跟著瞎起鬨啦！
我就只是吃太多了啦！
我根本沒喝牛奶，
也沒吃到什麼可能有寄生蟲的東西。
敘述性詭計
各位，
讓我們來想一想。
假說的關鍵，在於能否完整地說明證據，
以及有無更有力的假設。
有不有力的標準是什麼？
嗯，該怎麼說呢？
各方面綜合考量的結果？

好模糊喔。
要用科學知識，或其他可作為證據的事實來檢驗啊。
以廣志這件事為例，
過期牛奶和寄生蟲都有可能是造成腹痛的原因，
但如果缺乏他實際吃過這些東西的事實，就不能算是一個有力的假設。
那我想想其他假設……
喂喂！聽我說，
我發現新事證了！
真沒想到
我竟然找到了一個稻草人！
原來如此，我知道了！
有力的新假設。
是詛咒！
不不不，這不可能啦。
妳相信世上有詛咒喔？
不然妳要怎麼解釋？

我們可以怎麼解釋呢？當A、B兩個現象同時發生時，兩者的關係是：
①
②
A
B
①A是B的原因，或②B是A的原因，又或者是③單純出於偶然……
還有一個④：A與B之間有個共同要素C
C
A
B
這也是有可能的。
稻草人是造成肚子痛的原因，這樣不就行了嗎？
還是單純出於偶然？
啊！等一下！
也可能是有共同要素喔！
因為有人做了稻草人來下降頭。
廣志平時就常遭受這個人的滋擾……
說不定就是因為這些壓力，廣志才會肚子痛的呀!?
對吧？
沒錯！
原來如此
一切的謎題都解開了!!
我就說只是吃太多東西啦，肚子好像又要痛起來了。
是說稻草人打哪找來的啊……

大發現

啊！
狗屎!!
啪
花瓶
咕溜
筆記本
啪啦
啪啦
自從我踩到狗屎之後，東西就常掉到地上。
對了！
我明白了！
是狗屎擾亂了重力!!
是偶然吧？
只是你累了吧？
不不不
大發現

沒人排隊的餐廳

是拉麵店欸！要進去看看嗎？
正中午竟然空蕩蕩的
想必東西一定很難吃。要是好吃的話，早就門庭若市了。
說的也對，那別進去好了。
等一下!!
喀啦
空蕩蕩是因為這家店向來拒絕受訪，是一家低調的名店……
不吃的話，你們的人生可就虧大了。
理子?!
我們該相信理子的味覺嗎？
咕嚕
……實際進去吃吃看，就知道哪個假設比較正確了。

概念講解2

假說的評估

假說的評估重點，首先要看**「這個假設能否合理解釋那些用來當作證據的事實」**，還要看**「有沒有其他有力的替代假設」**。

如果現在要解釋的事實是「廣志肚子痛」，那麼食物中毒、感冒、風寒、壓力等，似乎都足以作為解釋；可是詛咒和降頭之類的因素，和腹痛的關係就顯得比較薄弱。至於那些有機會用來解釋事實的幾個假設，還要再和其他證據或知識對照，例如廣志實際吃、喝過哪些東西，或有無其他症狀等，整體考量過後，應該就可以再分出較有說服力的假設，以及不那麼有說服力的假設。

如上所述，在評估假說時，**不會只評估單一假設**，而是要盡量多找幾個可能取而代之的替代假設，再綜合性地判斷哪一個最合理。

當想要找出幾個不同的假設時，龜樹老師介紹的四大模式會是很有用的工具：

當事態A和事態B同時成立時，

──有可能是①「A是B的原因」

──有可能是②「B是A的原因」

──還可能是③「單純出於偶然」

──又或者是④「共同要素C，是引發A和B背後的關鍵」

通常④比較容易被忽略，卻是很常見的模式，③也是如此。當兩個現象發生時，一般人總會覺得兩者之間應該有什麼關係，但很多時候其實根本就沒有什麼特別的意義。

用批判的觀點來看待數據

接下來這個例子，又該如何解讀呢？

考上東京大學的人，一〇〇%都有喝水，所以喝水能讓人變聰明。

事實上，不只有考上東大的人才會喝水，大家都會喝水，所以看樣子似乎可以斷言「聽不聽明與喝水無關」，當我們想說出這句話時，必須調查考上和沒考上東大的人，還有喝水及不喝水的人，總計是2×2＝4種人。很多時候，廠商根本就沒有進行過這樣的調查，就打出「能有效〇〇！（純屬個人感想）」之類的廣告，請各位要特別留意。說穿了，「考上東大的人」＝「聰明」的這個前提真偽，會隨著眾人對「聰明」的定義而有所改變，所以這是個會備受質疑的地方。

練習題

以下劃線部分是透過假說所推導出來的結論，請試想出更有說服力的替代假設。

1. 喝減重飲料的人，體重高於平均體重，所以喝減重飲料會變胖。

2. 有吃早餐的兒童，考試成績比沒吃早餐的兒童好。換言之，只要吃早餐成績就會好。

3. 轎車普及率在一九六五年時還不滿一〇％，但到了一九九〇年代，普及率已逾八成。在這段期間當中，男性與女性的平均壽命都提高了將近十歲。由此可知，轎車對人類的健康有益。

答案與解說

以下是參考解答，各位不妨再想想其他答案。

1. 減重飲料都是哪些人在喝呢？我想應該會是想減肥、想讓自己體重變輕的人。所以，我們可以想到的一個假設，應該是「因為胖，所以才喝減重飲料」，而不是減重飲料喝了就會胖。也就是說，我們可以設想一個相反的因果關係。

2. 或許有人是吃了早餐血糖就會上升，可以冷靜地用腦，不會因空腹而感到不適。可是，還有沒有除此之外的其他可能？例如，我們可以設想「有吃早餐的人，生活環境是安穩有序的。而這樣的生活環境能讓孩子安心讀書；安心讀書的結果，就是成績表現傑出」等共同要素的替代假設。

3. 轎車普及率真的和平均壽命有關嗎？平均壽命提高的主因，應與醫療發達及生活水準的提升有關。從這個角度來看，轎車和平均壽命同步提升，乍看之下似乎是有相關性，但其實兩者之間應該是具備了「生活變得更富足」的共同要素才是。

註釋

1 例如在日文當中，「読んだ」、「飲んだ」是「読む」、「飲む」這種ま（ma）行的動詞變化。有研究發現，日本小朋友在學了這個規則之後，會認為「死んだ」的動詞原型是「死む」，而非「死ぬ」（《小小語言學家的冒險》，廣瀨友紀，岩波科學圖書館，二〇一七年）。

畢業考

問題一、以下各項敘述當中，是命題的請畫○，不是命題的請畫×。

1.日本國土鄰日本海的這一側，冬季降雨量多。

2.艾菲爾鐵塔位於札幌的大通公園內。

3.犯人請盡速投降。

4.患有花粉症的人，有時對新鮮水果也會出現過敏反應。

5.你能說出歷任的日本首相誰最傑出嗎？

問題二、請寫出否定下列這些主張的命題。

1.這個甜甜圈沒有洞。

2.孩子一定要聽父母的話。

問題三、請依笛摩根定理，否定下列這些命題。

1.甜食和辣食這兩種食物，小花都很喜歡。

2.龜殼花和獴這兩種動物，有一種會活下來。

3.中文和俄文這兩種語言，廣志都不會。

問題四、下列各句當中，屬於條件句者請畫○，不是條件句者請畫×。

1.如果週六下雨，運動會就延到週日舉辦。

2.如果家長願意一同出席，那麼小學生就可以參加這場活動。

3.我覺得身後有動靜，回頭一看，發現有好幾個戴著面具的人站在那裡。

4.鹿肉中可能帶有寄生蟲，所以一定要確實煮熟。

5.如果不在截稿日之前把稿子寫完，就不出書。

問題五、在下列1、2兩個句子當中，請選出「龜樹老師願意教」之於「飛男懂邏輯學」，應該屬於A到C的哪一種關係？

1. 如果龜樹老師願意教，飛男才能搞懂邏輯學。
2. 如果龜樹老師不願意教，飛男就無法搞懂邏輯學。

A 是必要條件，但不是充分條件。
B 是充分條件，但不是必要條件。
C 是充分必要條件。

問題六、請根據下列命題，寫出它們的逆命題、否命題和否逆命題。

1. 東京的「都民日」當天，遊客可免費進入上野動物園參觀。
2. 大肚魚有成群行動的習性。
3. 就算是關西人，也不見得一定喜歡搞笑文化。

問題七、請寫出下列各項推論是屬於演繹、歸納或假說。

1. 狗是肉食動物。我家的巧比是西伯利亞哈士奇品種的狗，所以巧比是肉食動物。

2. 你看，這間屋子的天花板上有腳印。昨天還沒有，對吧？正常人不可能跑到那裡去。也就是說，這間屋子昨晚有忍者來過！

3. 我聽飛男說，他身體不舒服的時候喝薑湯就好了。我的身體不太舒服，所以昨晚睡前我試著喝了一點薑湯。結果今天早上我就已經復元了。我媽媽也說身體不舒服，於是我就讓她試著喝了一點薑湯，結果聽說她也好了。看來薑湯對於調理身體還真的有效。

問題八、下列這些推論，屬於哪一種邏輯定律？請選出正確選項，並以符號作答。

1. 日本睡鼠會冬眠，三毛不冬眠。所以三毛不是日本睡鼠。

2. 理子的阿姨穿的衣服不是花俏就是昂貴。理子的阿姨現在穿的那套衣服並不花俏。所以理子的阿姨現在穿的那套衣服很昂貴。

A肯定前項律　B否定後項律　C選言三段論　D遞移律　E建構兩難律

問題九、請寫出要讓下列這些論證成立時，必備的隱藏前提是什麼。

1. 廣志很不懂得要如何和個性好強的女生相處，所以廣志很不懂得要怎麼和小花相處。
2. 理子沒讀過杜斯妥也夫斯基的作品，所以她不是個文學少女。

問題十、請依笛摩根定理，否定下列各項命題。

1. 凡是遊戲玩家，都會有N天堂出產的遊戲機。
2. 有高中生騎自行車環島一圈。

3. 人人都能實現自己的夢想。

問題十一、請說明以下這段歸納推論為何不恰當。

> 我問了高中漫畫研究社的三個朋友，三人都說沒看過夏目漱石的小說。不是我自誇，我其實也沒看過。看來夏目漱石在時下高中生之間似乎不怎麼受歡迎。

問題十二、以下是廣志想到的一個假設，請針對劃線部分寫出替代假設。

> 飛男送廣志一只鑲著「幸運石」的手環，廣志把它戴在手上。之後的一個月當中，廣志原本以為弄丟的皮夾自動出現，段考成績在全年級名列前矛，還和鬧翻的朋友重修舊好，好事接二連三地發生。廣志心想：「一定是因為幸運石的加持，才會發生這麼多好事。這顆石頭的力量實在是太驚人了！」

畢業考答案與解說

問題一

1 ◯　2 ◯　3 ×　4 ◯　5 ×

● 1、2、4都是可以明確說出「是」或「否」的句子，所以是命題。至於3則是命令句，5是疑問句，所以都不是命題。

↓第二堂：命題與真偽

問題二

1. 這個甜甜圈有洞。

● 如果只是要單純否定原命題，那就改寫成「這個甜甜圈並非沒有洞」即可。這樣寫當然是沒錯，不過當排中律成立時，雙重否定就可以改寫成肯定句。所以把「並非沒有」改成「有」，寫成「這個甜甜圈有洞」吧！

2.孩子並沒有一定要聽父母的話。

●如果改寫成「一定不要聽」，就會排除掉「可聽、可不聽」的可能，變成一個含意完全相反的句子，而不是否定。選用「並沒有一定要」、「不見得一定要」等表達方式，才是正確答案。

問題三

1.甜食和辣食這兩種食物，小花至少有一種不喜歡。

2.龜殼花和獴這兩種動物都不會活下來。

3.中文和俄文這兩種語言，廣志至少會其中一項。

●笛摩根定理的口訣是「連言的否定就是否定的選言；選言的否定就是否定的連言」。「1」是要對連言加以否定，所以改寫成否定的選言；「2」是要對選言加以否定，故會改寫成否定的連言。至於「3」是要對否定的連言加以否定，而要對「『不會中文』且『不會俄文』」這段連言加以否定，就會寫出「並非『不會中文』，或是並非『不會俄文』」這樣的選言。因此，拿掉「二重否定」

＝「肯定」這個框架，改寫成「會中文，或是會俄文」，才是正確答案。

↓第四堂：「且」與「或」

問題四

1◯　2◯　3×　4×　5◯

● 1、2、5都是「假設前項為真時，後項也為真」的條件句。3則是「～發現」這種形式上看來像條件句的句型，但它其實是在描述：前項實現後，後項也跟著發生，並沒有提出假設條件。至於4則是「～所以」的句型，是把「前項為真」當作前提，進而主張後項的句子，並沒有提出假設條件。

↓第五堂：條件句

問題五

1. B

在「若A則B」句型的條件句當中，A是B的充分條件。而這裡並沒有寫出逆命題「若B則A」也成立，故可推知A並不是B的必要條件。因此，「龜樹老師願意教」是「飛男懂邏輯學」的充分條件，但不是必要條件，所以答案是B。

2. A

「若非A則非B」是「若A則B」的否命題，所以必要條件和充分條件的關係會逆轉，因此「龜樹老師願意教」是「飛男懂邏輯學」必要條件，但不是充分條件，故答案是A。

↓第六堂：必要條件、充分條件

問題六

1.東京的「都民日」當天，遊客可免費進入上野動物園參觀。

逆命題：如果遊客可免費進入上野動物園參觀，當天就是都民日。

否命題：若非都民日，遊客就不可免費進入上野動物園參觀。

否逆命題：如果遊客不可免費進入上野動物園參觀，當天就不是都民日。

2.大肚魚有成群行動的習性。

逆命題：如果有成群行動的習性，就是大肚魚。

否命題：若非大肚魚，就不會有成群行動的習性。

否逆命題：如果沒有成群行動的習性，就不是大肚魚。

3. 就算是關西人，也不見得一定喜歡搞笑文化。寫不出逆命題、否命題和否逆命題。

● 只要命題的句型不是「所有的A都是B」或「若A則B」，就寫不出逆命題、否命題和否逆命題。

↓第七堂：逆命題、否命題、否逆命題

問題七

1. 演繹

● 若同意以「狗是肉食動物」和「巧比是狗」這兩個命題為前提，就必須認同「巧比是肉食動物」的結論，故本題是演繹。

2. 假說

● 為了解釋「天花板上有腳印」的證據，而擬出了「忍者來過」的這個可能，所以是假說。我們也可以再想出其他假設，例如「有人把鞋子丟上去，碰到了天花板」、「來的是蜘蛛人，而不是忍者」等。

3. 歸納

●喝了薑湯之後，原本身體不適的飛男迅速康復。他蒐集了自己和媽媽等案例。推導出一般性的通則，也就是「薑湯能有效調理身體」。它是一個歸納推論。

↓第八堂：推論

問題八

1. B否定後項律

●這是「A為B。非B。故非A」的句型。它是運用「否定後項，且否逆命題等同於原命題」的概念所進行的推論。

2. C選言三段論

●這是「A或B。非A。故B」的句型。它是運用「在兩個指定的選項中消去其中一個之後，結論就是剩下的那一個」的概念所進行的推論。

↓第九堂：邏輯定律

問題九

1. 小花是一個個性好強的女生。

2. 不看杜斯妥也夫斯基的作品，就不是文學少女＝若是文學少女，就會看杜斯妥也夫斯基的作品。

→第十堂：演繹的評估

問題十

1. 有些遊戲玩家沒有N天堂出產的遊戲機。

2. 並非所有高中生都曾騎自行車環島一圈。

3. 有些人無法實現自己的夢想。

→第十一堂：謂語邏輯

問題十一

本段要探討的是「時下高中生」的整體趨勢，卻只以自己和漫畫研究社的三個朋友為根據，樣本太少也太偏頗。

→第十二堂：歸納、假說的評估

問題十二

或許是因為佩戴幸運石手環讓廣志心生自信或心情放鬆，才得以在尋找失物、考試和人際往來方面都順心如意。又或者其實廣志身上並不是只有好事發生，但因為他隨身佩戴幸運石手環，所以認定自己身上一定會有好事發生，才在他心中留下了「好事連連」的印象。

廣志：「你送的手環真的幫我招了好運，效果好得不得了！」

飛男：「我就說吧！」

小花：「不不不，那只是湊巧的吧。再說了，廣志你是不是想太多了？只不過是因為你認為它是幸運石手環，所以發生好事的時候才會特別想到它吧？」

理子：「順便關心一下，你這一個月以來，真的沒發生過半件壞事嗎？」

廣志：「倒也不是完全沒發生過壞事，像是我搞丟了月票夾，還從樓梯上摔下來。但我覺得是因為有這個手環保佑，我才能大事化小，小事化無。」

理子：「你要這樣想，我也沒什麼好說的……」

↓第十二堂：歸納、假說的評估

問題一到十，每題3分×30小題
問題十一到十二，每題5分×2題
合計100分

分

參考書目

●野矢茂樹《邏輯訓練一〇一題》，產業圖書，二〇〇一年

●野矢茂樹《新版邏輯訓練》，產業圖書，二〇〇六年

若想學習更實用的邏輯知識，建議各位參閱這兩本書。除了在本書學到的內容之外，這兩本書當中還提到了連接詞的用法、論證圖，以及批判、反論的操作方法等。《邏輯訓練一〇一題》的每道題目都附有解答和解說，方便自學；《新版邏輯訓練》書中並未附上練習題的解答，挑戰性可能稍高一點。

●野矢茂樹《入門！邏輯學》，中公新書，二〇〇六年

《入門！邏輯學》不用任何符號或公式，就能從否定介紹到謂語邏輯等。書中用淺白的文字，從邏輯學的基本概念開始教起，即使是初學者，讀起來也不費力。適合

各位用來複習在本書中學到的內容。

●野矢茂樹《邏輯學》，東京大學出版會，一九九四年

《邏輯學》這本書當中使用了大量的邏輯學符號與公式，是一本內容相當紮實的邏輯學課本。不過，書中內文是以對話方式呈現，讀起來很有意思。這本書不建議那些一看到符號就反胃的讀者，但如果各位可以一點一點地讀下去，《邏輯學》能帶各位探索的邏輯世界會比本書更深奧許多。

●安東尼·聖修伯里《星球上的王子》，內藤濯譯，岩波少年文庫，二〇〇〇年

●安東尼·聖修伯里《小王子》，野崎歡譯，光文社古典新譯文庫，二〇〇六年

由內藤濯翻譯的《星球上的王子》，是日本人多年來熟悉的書名。作品中的經典名句，內藤版譯為「真正重要的東西，是用眼睛看不到的」。而在原版《小王子》的著作權保護期滿後，日本出現了許多新譯本，野崎版就是其中之一。在這個版本當中，則把經典名句譯為「重要的東西，是用眼睛看不到的」。而《小王子》這個書名，則是直接譯自法文書名《*Le Petit Prince*》。

●樋口一葉〈比肩〉，收錄於《日本現代文學全集10樋口一葉集》，講談社，一

九六二年

在本書的漫畫當中，省略了〈比肩〉這篇作品的部分內容。各位實際看過原文之後，就會發現它還真的是長得不得了。要讀完這個段落，再判斷它的真偽，還真是會讓人吃足苦頭。樋口一葉的作品也已過了著作權保護期，各位可購買日本各大出版社所推出的文庫本，或在網路上的「青空文庫」（https://www.aozora.gr.jp/）免費閱讀日文版。

●〈竹取物語〉片桐洋一校註、翻譯，收錄於《新編日本古典文學全集12竹取物語、伊勢物語、大和物語、平中物語》，小學館，一九九四年

日本人耳熟能詳的角色「輝夜姬」，出自於〈竹取物語〉。而這部作品在日本也有很多出版社出版過。本書引用的日文原文是取自《新編日本古典文學全集》，若想認真研讀的話，建議各位可以參考角川蘇菲亞（Sophia）文庫的初學者古典作品（beginner's classic）系列。這個版本很易讀，譯註也很有意思。

●森島恒雄《獵巫》，岩波新書，一九七二年

故事描寫駭人聽聞的審判制度，只要淪為嫌疑犯，一切就完了，任何邏輯都派不

上用場。從中古世紀到近代，獵巫風潮襲捲歐洲各地，作品中赤裸裸地描寫出人類究竟可以變得多麼殘酷，讀來不免令人感到消沉。不過我們也不得不同意：正因為人類跨越了這些難關，所以才會有近代各項文明制度的誕生。本書雖已出版一段時間，但名作丰采歷久不衰。

●廣瀨友紀《小小語言學家的冒險》，岩波科學圖書館，二〇一七年

書中透過觀察小朋友如何說錯話，記錄他們找出語言規則，並自行嘗試摸索，進而一步步學會語言的過程。這本書探討的內容包括了語言學的各個領域，而小朋友天真可愛的逗趣發言，讓讀者在莞爾一笑的同時，走進語言學的殿堂，是一本不可多得的好書。

●《新版兩生類爬蟲類》松井正文、疋田努、太田英利，小學館圖鑑NEO，二〇一七年

龜樹老師身上的龜殼，就是參考這本書中的烏龜（尤其是希臘陸龜）所畫的。

編注：以上參考書籍皆為日文書，繁體書名為暫譯。

終於結束了!!
恭喜大家上完全部的課！
辛苦了!!
大家都努力到最後，很好很好。
參與過這本書之後，有什麼感想呢？
我終於知道，原來邏輯學
是這樣的一門學問啊！
沒錯
我原本以為邏輯學是很可怕的東西，
但這次並沒有用到太多符號。
所以其實也沒那麼難懂嘛！
啊？
我本來是想用更多符號，卯足全力地學欸！
真的假的？
哈哈哈。
妳真是太了不起了。

這本書只是入門篇，
如果大家對邏輯學有興趣，後續可以再認真鑽研。
嗯，說得也是。
還有很多更專業的書籍。
飛男，你覺得怎麼樣？
嗯……
坦白說，我還有一件事沒搞懂。
什麼事？
所以到底
學了邏輯學
能招桃花受歡迎嗎？
還是不會？
為了找尋這個謎團的真相
我們啟程前往內陸深處。
哪裡的內陸深處啊？
這個答案就請各位自己找找看囉！
找不到答案也沒關係喔！
那我們後會有期囉！
下課囉！

後記

感謝大家翻閱本書。不知道本書是否讓大家讀得津津有味呢？

野矢茂樹老師的著作《邏輯訓練一〇一題》（日本出版社產業圖書出版），是啟發我撰寫本書的起點。讀過這本書之後，我心中那份好玩有趣和「有志竟成」的感受，促成了我決定在國文課上教邏輯的念頭。二〇〇六年時，我動手畫了幾張四格漫畫，製作成上課講義。自此之後，我每年都會再稍加增補、修改講義內容，拿來用在自己任教學校的課堂上。然而，能在野矢老師的審訂之下，把講義內容出版成書，對我而言簡直是喜出望外。

野矢老師不僅是一位邏輯學的專家，還很愛看漫畫。這次他除了針對書中內容從邏輯學的角度檢視正確與否之外，也仔細檢查底稿，甚至還審視了漫畫的完成度。有時我還會因為漫畫或笑點被批評不怎麼樣，而淚濕枕頭……這是騙人的（不是真的喔）。因為有老師的指導，讓這本書更完整，我覺得相當自豪。若書中內容有誤，或有任何未盡之處，當然都是我這個作者的責任。

本書中所介紹的邏輯學，真的只是入門篇。邏輯是一項工具，有助於縝密思考，或更深入了解彼此，甚至可以避免被壞人矇騙。如果讀一次讀不懂，請各位再多複習幾次，把書中內容內化成自己的知識。

有興趣更深入探究邏輯世界的讀者，建議可再參閱野矢老師的《入門！邏輯學》（中公新書）或《邏輯學》（東京大學出版會）。《入門！邏輯學》和本書一樣是以直式書寫，且未使用任何符號。至於《邏輯學》則是大量地運用了符號和公式，有意挑戰進階邏輯學的讀者，請務必一讀。

若想學習更實用的邏輯學，建議各位不妨參閱《邏輯訓練一〇一題》、《新版邏輯訓練》（產業圖書），或《增補版給大人的國文課》（筑摩書房）。在《增補版給大人的國文課》當中，還可看到出現在本書裡的四位高中生大顯身手喔！

當漫畫家和在學校當老師，都是我小時候的夢想。說是「只要不放棄，夢想就會實現」，聽起來就像是叫人「不下雨就求到老天下雨」似的，好像有些不負責任。然而，今天我有幸能以這樣的形式撰寫知識學習漫畫，我想是因為自己從未曾拋開「希望總有一天能水到渠成」的念頭吧。

謹向所有協助本書出版的人士致謝，謝謝各位。

二〇一八年夏

仲島仁美

歡樂邏輯養成班，超有料！一學就會，一笑就懂，絕不昏昏欲睡的12堂課
大人のための学習マンガ それゆけ！論理さん

作　　　者	仲島ひとみ
監　　　修	野矢茂樹
譯　　　者	張嘉芬
責任編輯	夏于翔
協力編輯	黃稚晶
內頁構成	李秀菊
封面美術	江孟達工作室

發 行 人	蘇拾平
總 編 輯	蘇拾平
副總編輯	王辰元
資深主編	夏于翔
主　　編	李明瑾
業　　務	郭其彬、王綬晨、邱紹溢
行　　銷	曾曉玲
出　　版	日出出版

地址：10544台北市松山區復興北路333號11樓之4
電話：02-2718-2001　傳真：02-2718-1258
網址：www.sunrisepress.com.tw
E-mail信箱：sunrisepress@andbooks.com.tw

發　　行　　大雁文化事業股份有限公司
地址：10544台北市松山區復興北路333號11樓之4
電話：02-2718-2001　傳真：02-2718-1258
讀者服務信箱：andbooks@andbooks.com.tw
劃撥帳號：19983379　戶名：大雁文化事業股份有限公司

印　　刷	中原造像股份有限公司
初版一刷	2020年7月
定　　價	350元
Ｉ Ｓ Ｂ Ｎ	978-986-5515-19-5

OTONANOTAMENO GAKUSHUMANGA SOREYUKE! RONNRISAN by Hitomi Nakajima
Supervised by Shigeki Noya
Copyright © Hitomi Nakajima, 2018
All rights reserved.
Original Japanese edition published by Chikumashobo Ltd.
Traditional Chinese translation copyright © 2020 by Sunrise Press, a division of And
Publishing Ltd.
This Traditional Chinese edition published by arrangement with Chikumashobo Ltd.,
Tokyo, through HonnoKizuna, Inc., Tokyo, and jia-xi books co., ltd.

國家圖書館出版品預行編目（CIP）資料

歡樂邏輯養成班，超有料！：一學就會，一笑就懂，絕不昏昏欲
睡的12堂／仲島ひとみ著；張嘉芬譯. -- 初版. -- 臺北市：日出
出版：大雁文化發行, 2020.07
240面；15×21公分
譯自：大人のための学習マンガ それゆけ！論理さん
ISBN 978-986-5515-19-5（平裝）

1.邏輯
150　　　　　　　　　　　　　　　　109009141